Note de l'Auteur

Les mille cartes mentales sont toutes tirées de la vie courante dans des situations ordinaires. Elles sont basées sur la succession de dessins de mémorisation avec textes en français et en italien.
La méthode permet la mémorisation des textes du français vers l'italien ou de l'italien vers le français en portant en mémoire la vignette de dessin suggestive avec chaque situation simultanément. Par le jeu de la répétition et de l'attention focalisée sur tous les dessins ou scénario de l'image, l'apprentissage du français ou de l'italien peut se mettre en place facilement.
Jean-Louis PENIN, écrivain, a déjà écrit de nombreux livres principalement sur le coaching, qu'il a édité en six langues. Il est donc confronté à la traduction de textes polyglottes.
Il réalise ici un vieux rêve qu'il a appelé il y a près de 40 ans, la méthode MIMPSI, méthode de cartes de mémoire comprenant des phrases dans leur contexte et permettant de réaliser l'apprentissage des langues.
A l'origine, la méthode MIMPSI devait être une méthode à moteur d'inférence permettant d'apprendre une langue dans les variations de son contexte comme l'apprentissage dans la langue maternelle. Chaque fois que le contexte de la carte change, l'émotion est fixée définitivement et permet de se réapproprier les phrases dans la langue apprise. C'est un peu ce que l'on arrive à faire avec ce jeu de cartes mémoires. Édition en 11 langues à partir du français et de l'anglais. Anglais, allemand, italien, espagnol, portugais, croate, néerlandais, russe, chinois japonais, thaï.

Consiglio dell'autore

Le mille mappe mentali sono tutte tratte dalla vita quotidiana in situazioni ordinarie. Si basano su una successione di disegni a memoria con testi in francese e italiano.
Il metodo permette la memorizzazione di testi dal francese all'italiano o dall'italiano al francese portando in memoria la suggestiva miniatura del disegno con ogni situazione contemporaneamente. Attraverso il gioco della ripetizione e l'attenzione focalizzata su tutti i disegni o gli scenari dell'immagine, l'apprendimento del francese o dell'italiano può essere facilmente impostato.
Jean-Louis PENIN, scrittore, ha già scritto molti libri, principalmente sul coaching, che ha pubblicato in sei lingue. Si trova quindi di fronte alla traduzione di testi poliglotti.
Qui realizza un vecchio sogno che ha chiamato quasi 40 anni fa, il metodo MIMPSI, un metodo di schede di memoria che include frasi nel loro contesto e consente di svolgere l'apprendimento delle lingue.
Originariamente, il metodo MIMPSI era inteso come un metodo di inferenza che consente di apprendere una lingua in variazioni del suo contesto, come l'apprendimento nella lingua madre. Ogni volta che il contesto della carta cambia, l'emozione si fissa definitivamente e permette di riappropriarsi delle frasi nella lingua appresa. Questo è un po' quello che riusciamo a fare con questo gioco di flash card. Edizione in 11 lingue dal francese e dall'inglese. Inglese, Tedesco, Italiano, Spagnolo, Portoghese, Croato, Olandese, Russo, Cinese, Giapponese, Tailandese.

CARTES MENTALES EXPRESSIONS IDIOMATIQUES FRANÇAIS – ITALIEN

MAPPE MENTALI IDIOMI FRANCESE – ITALIANO

CARTES MENTALES
EXPRESSIONS IDIOMATIQUES
FRANÇAIS – ITALIEN

MODE D'EMPLOI

Les cartes mentales sont toutes tirées de la vie courante dans des situations ordinaires.

Elles sont basées sur la succession de dessins de mémorisation, avec textes en français et en italien.

La méthode permet la mémorisation des textes de français vers l'italien ou de l'italien vers le français en portant en mémoire la vignette de dessin suggestive avec chaque situation simultanément.

Par le jeu de la répétition et de l'attention focalisée sur tous les dessins ou scénario de l'image, l'apprentissage du français ou de l'italien peut se mettre en place facilement.

La répétition de la lecture des textes français et italien en situation doit se faire selon la technique de la boîte de Leitner et la méthode des J, c'est-à-dire une répétition tous les 1, 3, 7, 14 et 30 jours. Pour cela, il suffit de découper chaque carte en 4 avec une paire de ciseaux et les glisser dans la boîte de Leitner (4 cartes de format 6,5 cm x 10,5 cm, recto - verso). Il y a 1000 fiches soit plus de mille phrases originales dans leur contexte, assez pour mémoriser un langage courant de niveau supérieur, le fameux «fluide » italien.

Un petit « dico » de mots qu'il faut savoir accompagne la méthode. L'arrière-plan blanc ou jaune permet de classer les fiches dans la bonne langue et donc dans le bon sens. Bonne étude et bon courage !

MAPPE MENTALI
EXPRESIONES IDIOMÁTICAS
FRANCESE – ITALIANO

MODO D'USO

Le mappe mentali sono tutte prese dalla vita di tutti i giorni in situazioni ordinarie.
Si basano sulla successione di disegni a memoria, con testi in francese e in italiano.
Il metodo permette la memorizzazione di testi dal francese all'italiano o dall'italiano al francese portando in memoria la suggestiva miniatura del disegno con ogni situazione contemporaneamente.
Attraverso il gioco della ripetizione e l'attenzione focalizzata su tutti i disegni o gli scenari dell'immagine, l'apprendimento del francese o dell'italiano può essere facilmente impostato.
La ripetizione della lettura dei testi francesi e italiani in situ deve essere effettuata secondo la tecnica Leitner box e il metodo J, cioè una ripetizione ogni 1, 3, 7, 14 e 30 giorni. Per fare ciò, è sufficiente tagliare ogni carta in 4 con un paio di forbici e infilarle nella scatola Leitner (4 carte da 6,5 cm x 10,5 cm, fronte e retro). Ci sono 1000 schede, più di mille frasi originali nel contesto, sufficienti per memorizzare una lingua quotidiana di livello superiore, il famoso italiano "fluente".
Un piccolo "dico" di parole che devi conoscere accompagna il metodo. Lo sfondo bianco o giallo permette di classificare le carte nella lingua giusta e quindi nella giusta direzione.
Buon studio e buona fortuna!

Qui trop embrasse mal étreint
Quel dommage que nous n'ayons pu voir cela !

Chi troppo vuole nulla stringe.
Che peccato non aver potuto vederlo!

Ils ont eu un succès fou
Allez, file ! Tu as pigé ?

Hanno avuto un enorme successo
Dai, vai! Hai capito?

Un petit whisky, ça ne serait pas de refus.
Je ne bois pas du tout d'alcool

Un po' di whisky, non sarebbe un rifiuto.
Non bevo affatto alcolici

Il est lent mais il comprend vite
Vous auriez dû y penser avant

È lento ma capisce in fretta
Avresti dovuto pensarci prima

À mon avis, ils sont partis sans dire au revoir

Secondo me, se ne sono andati senza salutarsi

C'est son rayon ! Il connaît toutes les ficelles

Questo è il suo dipartimento! Conosce tutti i trucchi

Ce genre de musique ne me plaît pas beaucoup

Non mi piace molto questo tipo di musica

Penses-tu ça aurait été trop beau !

Pensi che sarebbe stato troppo bello!

Je regrette d'être en retard
Je vous donne ma parole

Mi pento di essere in ritardo
Ti do la mia parola

C'est ce qui s'appelle se jeter dans la gueule du loup

Questo è ciò che si chiama gettarsi nella fossa del leone

Mon cher général, je peux vous dire un mot en privé ? *Comme vous voudrez*

Mio caro Generale, posso dirle una parola in privato? *Come desideri*

En fin de compte, je vais me débrouiller
Comme vous pouvez le constater, ça vaut la peine

Alla fine, ce la farò
Come puoi vedere, ne vale la pena

Les goûts et les couleurs, ça ne se discute pas
Il s'extasie vraiment devant n'importe quoi !

Gusti e colori non sono in discussione
È davvero entusiasta di qualsiasi cosa!

Tiens, les voilà, si je puis m'exprimer ainsi

Eccoli, se così posso dire

Quel temps va-t-il faire aujourd'hui ?

Come sarà il tempo oggi?

J'y suis allé pendant les vacances

Ci sono andato durante le vacanze

J'aimerai bien connaître le pourquoi du comment
Si tu vois ce que je veux dire !

Vorrei sapere il perché e il come
Se capisci cosa intendo!

Elle travaille ici depuis deux ans, elle fait l'idiote

Lavora qui da due anni, si comporta in modo stupido

Jugez-en par vous-même
Peu importe, ça m'est égal

Giudica tu stesso
Non importa, non mi interessa

N'y va pas par quatre chemins !
Quoi qu'il en soit, j'y veillerai

Non girarci intorno!
In ogni caso, ci penserò io

Elle est d'une vulgarité, mais elle est fière comme Artaban  È di una volgarità, ma è orgogliosa come Artabano	Je regrette de lui avoir prêté de l'argent !  Mi pento di averlo fatto ha prestato denaro!
Voulez-vous que nous échangions nos coordonnées ?  Vuoi che ci scambiamo i dati di contatto?	J'aimerai bien connaître le pourquoi du comment  Vorrei sapere il perché e il come

Quoi qu'il en soit, tu l'as bien cherché !
Tu ne l'as pas volé!

Comunque, lo stavi cercando!
Non l'hai rubato!

Entrez, et fermez la porte je vous prie

Entrate, e chiudete la porta, vi prego

Je vous présente ma collègue
Ravi d'avoir fait votre connaissance

Vorrei presentarvi il mio collega
Piacere di averti conosciuto

Vous auriez du feu s'il vous plaît ?

Avresti il fuoco
Per favore?

Il y travaille depuis six mois

Lavora lì da sei mesi

D'une façon ou d'une autre, je suis tout à fait d'accord avec vous

In ogni caso, sono completamente d'accordo con te

J'ai visité l'Ecosse il y a deux ans !
J'ai attendu pendant deux heures à l'aéroport

Ho visitato la Scozia due anni fa!
Ho aspettato due ore all'aeroporto

Dans le pire des cas, va te faire cuire un œuf !

Nel peggiore dei casi, vai a cucinarti un uovo!

Ça fait des mois que je ne l'ai pas vu

Non lo vedo da mesi

Ne vous en faites pas

Non ti stressare

A moins qu'on me dise le contraire, je vois de l'eau

A meno che non mi venga detto diversamente, vedo l'acqua

Tout le plaisir est pour moi

Tutto il divertimento è per me

Qu'est-ce que ça veut dire ?
Qu'est-il arrivé ?

Cosa significa?
Cos'è successo?

Qu'est-il écrit ici ?
Peux-tu l'épeler ?

Cosa c'è scritto qui?
Sai scriverlo?

J'ai lu ce journal trois fois
C'est n'importe quoi !

Ho letto questo giornale tre volte
Bugie!

Aussi incroyable que cela puisse paraître...

Per quanto incredibile possa sembrare...

Je regrette d'avoir accepté de faire ça

Mi pento di aver accettato di farlo

Je regrette de ne pouvoir te le dire, les mots me manquent

Mi dispiace di non potertelo dire, mi mancano le parole

(Regarder)
Il regardait la télé
Ça me plaît beaucoup

(Guarda)
Stava guardando la TV
Mi piace molto

Je vais devoir vous laisser
Vous avez besoin d'aide ?

Dovrò lasciarti
Hai bisogno di aiuto?

Jusqu'à preuve du contraire
fais de beaux rêves !

Fino a prova contraria
Sogni d'oro!

Je reviens tout de suite
A plus tard !

Torno subito
A piu' tardi!

J'arrive dans un instant
Je vous enverrai un mot

Sarò lì tra un attimo
Ti manderò un biglietto

Toi, tu me casses les pieds
Sans blague !

Mi stai rompendo i piedi
Non sto scherzando!

Qu'est-ce qu'il y a Doc ?
Je meurs de faim

Che succede, dottore?
Sto morendo di fame

Ça me fait plaisir de vous revoir !
Au revoir

È un piacere rivederti!
Arrivederci

Que faites-vous dans la vie ?
Je travaille sur un nouveau modèle

Cosa fai per vivere?
Sto lavorando a un nuovo modello

Comment ça va la santé ?
Voulez-vous m'accompagner ?

Come va la tua salute?
Mi accompagnerai?

Si par hasard tu attrapes la clé ?
Tant pis !

Se per caso ti capita di prendere la chiave?
Peccato!

Comment ça va ?
Ça m'a fait plaisir de te voir
Qu'est-ce que tu deviens ?

Come va?
E' stato un piacere vedervi
Cosa sei diventato?

Ça fait des années qu'ils sont morts

Sono morti da anni

Autrefois, il y avait ici un cinéma
Autrefois je jouai du tennis

In passato, qui c'era un cinema
Giocavo a tennis

A un de ces jours !
Merci bien !
Je vous en prie

Ci vediamo uno di questi giorni!
Grazie!
Per favore

Ils se sont encore disputés !

Hanno litigato di nuovo!

Vous pouvez m'accorder quelques instants ?
Pouvez-vous me rappeler votre nom ?

Puoi darmi qualche istante?
Puoi ricordarmi il tuo nome?

Vous voulez bien m'aider s'il vous plaît ?
Qu'est-ce que vous êtes chiant !

Potresti aiutarmi per favore?
Quanto sei fastidioso!

Je n'étais pas encore aller au Népal !

Non ero ancora stata in Nepal!

Autrefois, je n'aimais pas la bière !

Non mi piaceva la birra!

D'où venez-vous ?
Ça me fait plaisir de vous voir !

Di dove sei?
È un piacere vederti!

Je suis à vous dans deux minutes
Je vois de quoi tu parles

Sarò con te tra due minuti
So di cosa stai parlando

Je ne voudrais pas abuser de votre gentillesse
Je vais devoir vous laisser!

Non voglio approfittare della tua gentilezza
Dovrò lasciarti!

Alors tu accouches, oui ?
Nous ne voulons pas vous faire attendre

Quindi stai partorendo, sì? *Non vogliamo farti aspettare*

ça faisait un bail qu'on ne s'était pas vu

È passato un po' di tempo dall'ultima volta che ci siamo visti

---

Laisse tomber, ça ne vaut pas la peine

Dimenticalo, non ne vale la pena

Faites, je vous en prie !
Merci du compliment !

Per favore!
Grazie per il compliment!

Veinard, c'est toujours toi qui gagnes !
Tu as une de ces chances !

Beato te, sei sempre tu a vincere!
Hai una di quelle possibilità!

C'est un imbécile, il est idiot !
Il est complètement cinglé, non ?

È uno sciocco, è un idiota!
È completamente pazzo, non è vero?

Pourtant, vous avez l'air de vous y connaître plutôt bien !

Tuttavia, sembra che tu conosca abbastanza bene le tue cose!

Elle est restée muette comme une carpe et elle s'est dégonflée !

Rimase silenziosa come una carpa e si sgonfiò!

Regardez-moi un peu ça ! **Vous rigolez !** *Excusez-moi, je n'écoutais pas*

Guardate un po'! **Stai scherzando!** *Scusami, non stavo ascoltando*

Ça ne m'emballe pas trop
Qu'est-ce qu'on s'ennuie!

Non ne sono troppo entusiasta
Come siamo annoiati!

Ne fait pas la fine bouche
Il a été piqué au vif !

Non essere schizzinoso
È stato punto sul vivo!

Excusez-moi, je n'ai pas entendu votre prénom, Monsieur ...? *Je ne vous ai pas entendu.*

Mi scusi, non ho sentito il suo nome, signore...? *Non ti ho sentito.*

Ça te va à ravir ! *Ça ne ressemble vraiment à rien !*

Ti si addice perfettamente! *Non sembra davvero niente!*

Permettez que je vous aide. *Je n'en crois pas mes yeux !*

Permettimi di aiutarti. *Non posso credere ai miei occhi!*

Vous avez mal, vous souffrez ? *Pas de bol hein !*

Stai soffrendo, stai soffrendo? *Niente fortuna eh!*

Je suis expert en la matière.
Désolé, mais ce n'est pas mon truc

Sono un esperto in questo settore.
Mi dispiace, ma non fa per me

Tu as dit quelque chose ?
Quel bruit !
On ne peut pas en placer une.

Hai detto qualcosa?
Che rumore!
Non puoi posizionarne uno.

Nous avons l'intention d'aller à Rome l'an prochain.
Il a une idée fixe

Abbiamo intenzione di andare a Roma l'anno prossimo.
Ha un'idea fissa

Entrez ! **Comme vous pouvez le constater, ça ira mieux la prochaine fois !**

Avanti! **Come puoi vedere, la prossima volta andrà meglio!**

Quel dommage !
Il faut choisir, sinon c'est n'importe quoi !

Che peccato!
Bisogna scegliere, altrimenti è una sciocchezza!

C'est une grande gueule, mais il est d'un abord plutôt facile.

È un chiacchierone, ma ha un approccio abbastanza facile.

Merci mille fois, *mais j'ai d'autres chats à fouetter*

Grazie mille, *ma ho altri pesci da friggere.*

On annonce de la pluie.
Il pleut toujours là-bas

È prevista pioggia.
Lì piove ancora!

Que faites-vous dans la vie ? **Pas grand-chose !** *J'ai hâte de vous revoir.*

Cosa fai per vivere? **Non molto!** *Non vedo l'ora di rivedervi.*

Ça va durer longtemps ? *Il n'y a pas de quoi*

Ça va durer longtemps ? *Il n'y a pas de quoi*

Tel père, tel fils. C'est bien le fils de son père ! *Je ne trouve rien à redire !*

Una scheggia dal vecchio blocco. Egli è davvero il figlio di suo padre! *Non riesco a trovare nulla di cui lamentarmi!*

Il a complètement déraillé ! Il est timbré ! *C'est à vous de décider.*

È completamente andato fuori dai binari! È timbrato! *Dipende da te.*

Tiens, il y avait longtemps que tu n'avais pas parlé de ça !
Que veux-tu que ça me fasse !

Ehi, è passato molto tempo dall'ultima volta che ne hai parlato!
Cosa vuoi che faccia!

Tiens, regarde qui s'amène ?
Il était plongé dans ses pensées.

Ecco, guarda chi sta arrivando?
Era immerso nei suoi pensieri.

Je me suis dit que je ferai mieux de t'en parler.
Ne comptez pas sur moi !

Ho pensato che sarebbe stato meglio raccontarvelo.
Non contare su di me!

Ces deux-là, ce sont les mêmes.
Ils ont eu un succès fou !

Questi due sono la stessa cosa.
Sono stati un enorme successo!

Bien, *où en étions-nous* ?
Il a changé d'avis !

Beh, dove eravamo rimasti?
Ha cambiato idea!

Elle sait ce qu'elle veut !
Elle ne pense à rien d'autre.

Sa quello che vuole!
Non pensa a nient'altro

Qui est cette amie dont tu n'arrêtes pas de parler ? *Je ne la connais ni d'Ève, ni d'Adam.*

Chi è questo amico di cui continui a parlare?
Non lo so da Eva o da Adamo.

Il vaut mieux parler du problème si tu veux détendre l'atmosphère

È meglio parlare del problema se si vuole alleggerire l'atmosfera

Tu ne devineras jamais ce qui est arrivé au travail aujourd'hui

Non indovinerai mai cosa è successo al lavoro oggi

Je peux t'inviter à boire un verre

Posso invitarti a bere qualcosa

Elle est ravie d'assister à cette pièce de théâtre

È lieta di assistere a questo spettacolo

Les policiers saisissent les objets pouvant être des preuves

La polizia ha sequestrato oggetti che potrebbero essere una prova

Le procès se déroulera dans quelques jours

Il processo si svolgerà tra pochi giorni

L'assurance a déclaré que la tornade était une catastrophe imprévisible.

L'assicurazione ha detto che il tornado è stato un disastro imprevedibile.

Il faut vraiment que tu te ressaisisses si tu veux décrocher ce boulot.

Devi davvero rimetterti in sesto se vuoi ottenere questo lavoro.

Il a joué la comédie devant ses parents

Ha agito di fronte ai suoi genitori

Tu devrais faire ce que tu as dit.
Il vaut mieux agir que parler.

Dovresti fare quello che hai detto.
È meglio agire che parlare.

C'est dommage que je ne l'aie pas vu.
Dommage que je ne puisse pas faire cela

È un peccato non averlo visto.
Peccato che non posso farlo

Karen a les chevilles qui enflent depuis qu'elle est responsable du projet

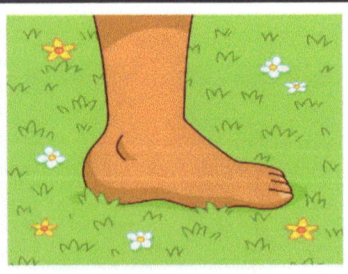

Le caviglie di Karen sono gonfie da quando aveva responsabile del progetto

---

Guy avait hâte de régler ses comptes avec Louisa après ce qu'elle lui avait fait

Guy era ansioso di regolare i conti con Louisa in seguito quello che gli aveva fatto

Angela était sûre de gagner car elle avait tous les atouts en main.

Angela era sicura di vincere perché aveva tutte le carte vincenti in mano.

Je n'ai soudainement plus eu de nouvelles de Bianca. C'est comme si elle s'était volatilisée.

All'improvviso non avevo più notizie di Bianca. È come se fosse svanito.

Je marchais dans la rue quand Harry est apparu soudainement.

Stavo camminando per strada quando Harry apparve all'improvviso.

Kévin est aux anges depuis qu'il a déménagé en Australie.

Kevin è al settimo cielo da quando si è trasferito in Australia.

Ses problèmes d'argent sont devenus un boulet pour lui.

I suoi problemi economici sono diventati una pietra miliare per lui.

Mon patron m'a donné le feu vert pour ce projet

Il mio capo mi ha dato Il via libera a questo progetto

Les enfants ont mangé des cookies. Ils ne tiennent plus en place maintenant !

I bambini mangiavano i biscotti. Non ce la fanno più a posto ora!

Alicia essaya de sauver les apparences après avoir découvert que son mari la trompait.

Alicia cercò di mantenere le apparenze dopo ha scoperto che suo marito l'ha ingannata.

Sa fille est la prunelle de ses yeux.	Ma voiture m'a coûté les yeux de la tête

Sua figlia è la pupilla dei suoi occhi.	La mia macchina mi è costata un occhio della testa

Jessica est sortie boire un verre mais on lui a forcé la main.	La famille d'accueil de Diane l'a accueillie à bras ouverts.

Jessica uscì per un drink ma la sua mano fu forzata.	La famiglia adottiva di Diane l'ha accolta a braccia aperte.

La grand-mère d'Isabella aime remuer le passé.

Alla nonna di Isabella piace rievocare il passato.

Bill m'a refilé le bébé pendant qu'il est en vacances.

Bill mi ha dato il bambino mentre era in vacanza.

Jack s'est démené pour demander à Rose de sortir avec lui.

Jack fece di tutto per chiedere a Rose un appuntamento.

Nick aura son diplôme cette année s'il travaille dur.

Nick si diplomerà quest'anno se lavorerà sodo.

Andrea est celle qui fait bouillir la marmite dans leur couple.

Andrea è quello che fa bollire la pentola nella loro relazione.

Lily espérait que ses parents lui ficheraient la paix

Lily sperava che i suoi genitori l'avrebbero lasciata in pace

Petra est très amoureuse d'Igor.

Petra è molto innamorata di Igor.

Cet examen est vraiment facile. C'est dans la poche!

Questa recensione è davvero facile. È in tasca!

Carlos connaît ce bâtiment comme sa poche.

Carlos conosce questo edificio come le sue tasche.

Cette fête était géniale, on s'est bien amusés !

Questa festa è stata fantastica, ci siamo divertiti molto!

Il faut que tu coopères si tu veux que Janet te laisse tranquille.

Devi collaborare se vuoi che Janet ti lasci in pace.

Tim est devenu dingue quand il a découvert son cadeau d'anniversaire.

Tim è impazzito quando ha scoperto il suo regalo di compleanno.

Edward peut être dur en affaires quand il le souhaite.

Edward può essere duro negli affari ogni volta che vuole.

Je n'ai pas le choix, ils m'ont à leur merci.

Non ho scelta, mi hanno alla loro mercé.

Tu mènes un combat perdu d'avance; ton père ne changera pas d'avis.

Stai combattendo una battaglia persa; tuo padre non gli farà cambiare idea.

Je sais que tu n'aimes pas ça, mais tu dois tenir Claire à distance.

So che non ti piace, ma devi tenere a bada Claire..

Leur société a démarré fort.

La loro azienda è iniziata alla grande.

Décrocher cet emploi est le but ultime de Fiona.

Ottenere questo lavoro è l'obiettivo finale di Fiona

Charlie a presque révélé le secret devant Anthony

Charlie ha quasi rivelato il segreto di fronte ad Anthony

Emily n'est pas à prendre avec des pincettes le matin.

Emily non deve essere presa con le pinze al mattino.

Max a eu le tout dernier téléphone portable avant tout le monde; il a devancé tous ses amis.

Max ha avuto l'ultimo cellulare prima di chiunque altro; Ha preceduto tutti i suoi amici.

Thomas est vraiment de mauvaise humeur aujourd'hui... il s'est levé du pied gauche?

Thomas è davvero di cattivo umore oggi... Si è alzato con il piede sinistro?

Quand elle a une idée en tête, Sandra n'abandonne pas

Quando ha un'idea in mente, Sandra non si arrende

Les enfants se sont dirigés droit vers les bonbons.

I bambini andarono dritti alle caramelle.

Ce nom me rappelle quelque chose... Est-ce que c'est l'endroit où vit ta tante ?

Questo nome mi ricorda qualcosa... È qui che vive tua zia?

Mario a été sauvé par le gong quand sa mère est arrivée.

Mario è stato salvato dal gong quando è arrivata sua madre.

Nous avons beaucoup dépensé ce mois-ci. Il va falloir se serrer la ceinture.

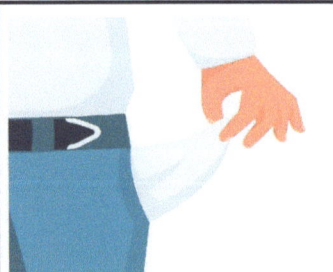

Abbiamo speso molto questo mese. Dovremo stringere la cinghia

---

Ses parents l'ont soutenue totalement quand elle a décidé de changer de carrière.

I suoi genitori sono stati pienamente d'accordo quando ha deciso di cambiare carriera.

Elle a fait tout son possible pour lui organiser la meilleure soirée d'anniversaire.

Ha fatto di tutto per organizzargli la migliore festa di compleanno.

À partir de maintenant, j'évite ce genre de mecs.

D'ora in poi, evito questo tipo di ragazzo

Il ne nous donnera qu'un seul verre d'eau... Il faudra s'en contenter.

Egli ci darà un solo bicchiere d'acqua... Sarà necessario esserne soddisfatti..

Je prendrais le parapluie si j'étais toi. Il vaut mieux prévenir que guérir.

Prenderei l'ombrello se fossi in te. Prevenire è meglio che curare.

Maria a vaincu Milena à la fin du troisième set.

Maria ha sconfitto Milena alla fine del terzo set.

Qu'on puisse oublier ses enfants dans un supermarché, ça me dépasse

Che tu possa dimenticare i tuoi figli in un supermercato, è al di là di me

Ce n'est pas le bon type de fromage mais ça fera l'affaire.

Non è il tipo di formaggio giusto, ma andrà bene.

Depuis ma fenêtre, j'ai une vue d'ensemble de la prairie

Dalla mia finestra ho una panoramica del prato

Marcus est un lève-tôt

Marcus è mattiniero

Elle a fait d'une pierre deux coups en trouvant cet emploi.

Ha preso due piccioni con una fava trovando questo lavoro.

Il était couvert de bleus le lendemain de sa chute dans les escaliers.

Era coperto di lividi il giorno dopo essere caduto dalle scale.

---

j'ai essayé de retrouver mon sac mais j'ai fait chou blanc.

Ho cercato di trovare la mia borsa ma sono uscito vuoto.

Paul est myope comme une taupe sans ses lunettes.

Paolo è miope come una talpa senza occhiali.

---

j'ai laissé mon téléphone sur la table et il a disparu en un clin d'œil.

Ho lasciato il telefono sul tavolo ed è scomparso in un batter d'occhio.

Lui faire accepter nos conditions n'était pas une mince affaire.

Convincerlo ad accettare le nostre condizioni non è stata un'impresa facile.

La façon dont Pierre parle à Gény me met hors de moi

Il modo in cui Pierre parla con Gény mi fa arrabbiare

Brent avait été absent pendant cinq ans quand il est réapparu sans prévenir.

Brent era fuori da cinque anni quando è riapparso senza preavviso.

---

j'ai toujours le cafard le lundi.

Ho sempre la tristezza il lunedì.

Mado a raflé la mise une nouvelle fois quand elle a accepté cette mission.

Mado vinse ancora una volta l'offerta quando Accettò questa missione

---

La voix de Johnny quand il chante m'impressionne

La voce di Johnny quando canta mi colpisce

Pour amortir le choc, on leur a donné un bonus financier quand ils ont été renvoyés.

Per attutire il colpo, è stato dato loro un bonus quando sono stati licenziati.

Julie a attendu trop longtemps et a manqué le coche.

Julie aspettò troppo a lungo e perse la barca.

Graham dit qu'il veut acheter une moto, mais il faudra me passer sur le corps!

Graham dice che vuole comprare una motocicletta, ma dovrai investire il mio corpo!

Gerard, reste ici, j'ai un compte à régler avec toi

Gerard, resta qui, ho un conto in sospeso con te

Brice va quitter Maguy, j'en suis certain.

Brice lascerà Maguy, ne sono sicuro.

183

Je ronge mon frein en attendant les vacances

Sto rosicchiando i freni in attesa delle vacanze

184

Mon professeur veut que je réalise ce projet en suivant les règles mais j'aimerais essayer quelque chose de différent.

Il mio insegnante vuole che io faccia questo progetto secondo le regole, ma mi piacerebbe provare qualcosa differente.

185

La voisine a dit « bonjour » C'est à marquer d'une pierre blanche!

Il vicino ha detto "ciao" È una pietra miliare!

186

Jeremy a la grosse tête depuis qu'il a eu sa promotion.

Jeremy ha avuto una grande testa da quando ha ottenuto la sua promozione.

Je te souhaite un joyeux anniversaire, du fond du cœur.

Vi auguro un buon compleanno, dal profondo del mio cuore.

Je parlerai à Jeannette et ferai toute la lumière sur cette histoire.

Parlerò con Jeannette e farò luce su questa storia.

Mila a mis John à la porte après l'avoir vu avec Theresa.

Mila cacciò John dopo averlo visto con Theresa.

Le dernier étage de l'immeuble est interdit d'accès

All'ultimo piano dell'edificio è vietato l'accesso

Je n'ai aucune idée pour le cadeau d'anniversaire de Cathy. Est-ce que je peux faire appel à tes lumières ?

Non ho idea del regalo di compleanno di Cathy. Posso chiamare le vostre luci?

Je me suis creusé la tête pour me souvenir de son numéro de téléphone.

Mi scervellai per ricordare il suo numero di telefono.

Ils ont pris la fuite quand l'incendie a démarré

Sono fuggiti quando è iniziato l'incendio

j'espère avoir une augmentation cette année mais je ne me fais pas trop d'illusions.

Spero di ottenere un aumento quest'anno ma non mi faccio troppe illusioni.

La vue du haut de l'Empire State Building va te couper le souffle.

La vista dalla cima dell'Empire State Building vi toglierà il fiato.

Cet examen, c'est du gâteau

Questo esame è un gioco da ragazzi

Nous devons nous réveiller de bonne heure pour prendre notre train.

Dobbiamo svegliarci presto per prendere il treno.

La voiture s'est arrêtée tellement près de moi que j'ai cru que j'allais casser ma pipe.

L'auto si fermò così vicino a me che pensai che stavo per rompere il tubo.

Le projet de Cathy a été tué dans l'œuf quand son patron l'a confiée à une autre équipe.

Il progetto di Cathy è stato stroncato sul nascere quando il suo capo l'ha affidata a un altro team.

Ton adversaire ne va faire qu'une bouchée de toi.

Il tuo avversario ti farà un breve lavoro.

L'étrange bruit que j'ai entendu hier soir m'a fichu la trouille.

Lo strano rumore che ho sentito ieri sera mi ha spaventato.

Je n'ai pas eu de nouvelles d'Anna, donc j'ai décidé de remettre le projet à plus tard.

Non ho notizie di Anna, quindi ho deciso di rimandare il progetto.

Elle a l'air si innocente qu'on lui donnerait le bon Dieu sans confession.

Sembra così innocente che gli avrebbero dato Dio senza confessarsi.

J'ai toujours le trac avant de prendre la parole en public

Ho sempre paura del palcoscenico prima di parlare in pubblico

Elle est presque tombée de l'échelle. Ça aurait pu tourner mal.

È quasi caduta dalla scala. Sarebbe potuto andare storto.

Le problème au travail est un vrai sac de nœuds

Il problema sul lavoro è un vero e proprio sacco di nodi

Elle brûlait la bougie par les deux bouts mais elle a beaucoup changé récemment

Era solita bruciare la candela da entrambe le estremità, ma di recente è cambiata molto

---

On ne peut pas lui faire confiance pour faire partie d'une équipe, il n'en fait qu'à sa tête.

Non ci si può fidare di lui per farne parte di una squadra, fa come gli pare.

Ce devoir est difficile. Tu vas devoir faire travailler tes méninges.

Questo compito è difficile. Dovrai metterlo al lavoro il tuo cervello.

Ses parents promirent de lui acheter un billet de concert mais ils ont mis la charrue avant les bœufs.

I suoi genitori promisero di comprargli un biglietto per il concerto, ma misero il carro davanti ai buoi.

Marc savait quelque chose sur Erika mais il a révélé le secret par mégarde.

Marc sapeva qualcosa di Erika, ma ha accidentalmente rivelato il segreto.

Vera n'a pas encore trouvé sa robe de mariage mais elle est sur le coup.

Vera non l'ha ancora trovato il suo abito da sposa ma lei è sul caso.

Milena pensait avoir gagné mais son adversaire avait toujours un atout dans sa manche.

Milena pensava di aver vinto, ma il suo avversario lo aveva fatto sempre un asso nella manica.

Tu ne peux pas continuer à me faire tourner en bourrique, j'ai besoin d'une réponse de suite !

Non puoi andare avanti Ho bisogno di una risposta subito!

Marc fouillait dans les affaires d'Yvonne quand il a été pris la main dans le sac.

Marc stava rovistando tra gli effetti personali di Yvonne quando è stato colto in flagrante.

Mickael et Gérard sont comme le jour et la nuit en ce qui concerne leur personnalité

Mickael e Gérard sono come il giorno e la notte quando si tratta delle loro personalità.

Notre patron nous a donné carte blanche pour organiser la soirée d'entreprise.

Il nostro capo ci ha dato carta bianca per organizzare la festa aziendale.

Dis-moi ce qui ne va pas, vide ton sac

Dimmi cosa c'è che non va, svuota la tua borsa

Jane a de bonnes chances de décrocher le travail de ses rêves.

Jane ha buone possibilità di ottenere il lavoro dei suoi sogni.

Nous devrions gagner le tournoi mais je ne veux pas vendre la peau de l'ours avant de l'avoir tué.

Dovremmo vincere il torneo, ma non voglio vendere la pelle dell'orso prima di averlo ucciso.

Tiens bon, ça va s'arranger.

Aspetta, andrà meglio

Son discours a touché la corde sensible quand il a mentionné ses enfants.

Il suo discorso ha toccato una corda quando ha menzionato i suoi figli.

Les choses sont revenues au point de départ à la fin du film.

Le cose sono tornate al punto di partenza alla fine del film.

La maison est propre comme un sou neuf pour recevoir mes parents.

La casa è pulita come un soldo per ricevere i miei genitori.

Tu dois avouer tes problèmes si tu veux que l'on t'aide.

Devi ammettere i tuoi problemi se vuoi essere aiutato.

Si je pouvais revenir en arrière, beaucoup de choses seraient différentes

Se potessi tornare indietro, un sacco di le cose sarebbero diverse.

Mes enfants sont tous coulés dans le même moule.

I miei figli sono tutti fusi nello stesso stampo.

Mickey s'est fait passer un savon pour être sorti sans prévenir ses parents.

A Topolino è stato dato un sapone per essere uscito senza dirlo ai suoi genitori.

Sonia nous a raconté une histoire à dormir debout à propos de ce qui lui est arrivé hier soir.

Sonia ci ha raccontato una storia su cui dormire su quello che gli è successo la scorsa notte.

Tu devrais lui rendre la monnaie de sa pièce après ce qu'il t'a fait.

Dovresti restituirgli il suo favore dopo quello che ti ha fatto.

Milena s'est montrée sous son vrai jour pendant ses vacances avec Sophie.

Milena si è mostrata nella sua vera luce durante la sua vacanza con Sophie.

Ne tire pas des conclusions trop hâtives, ils ne se sont toujours pas expliqués.

Non saltare alle conclusioni, non l'hanno fatto ancora non spiegato.

Ne pas dire la vérité à Brigitte me pèse sur la conscience depuis des semaines.

Non dire la verità a Brigitte mi pesa sulla coscienza da settimane.

Bill est arrivé à son examen avec une heure de retard, mais il était d'un calme olympien.

Bill arrivò all'esame con un'ora di ritardo, ma era calmo come un olimpionico.

Notre patron a perdu son sang-froid devant les clients.

Il nostro capo ha perso la pazienza di fronte ai clienti.

L'idée de Marc a été tournée en ridicule.

L'idea di Marc è stata ridicolizzata.

L'espion russe a démasqué Bill

La spia russa ha smascherato Bill

La façon dont Julia regarde Frédéric me donne la chair de poule.

Il modo in cui Julia guarda Frédéric mi fa venire la pelle d'oca

Fanny n'exprime pas vraiment ses opinions, elle suit généralement le mouvement.

Fanny non esprime davvero le sue opinioni, di solito segue la corrente.

Jina craquait pour Paul mais elle a rencontré Alfred.

Jina si è innamorata di Paul, ma ha incontrato Alfred.

Pour l'amour de Dieu, tu ne peux pas juste aller lui parler?

Per l'amor di Dio, non puoi semplicemente andare a parlare con Lui?

Je n'aime pas préparer mes discours donc j'improvise toujours au pied levé.

Non mi piace preparare i miei discorsi, quindi improvviso sempre con poco preavviso.

243

Les enfants voulaient savoir quels étaient leurs cadeaux de Noël mais je leur ai dit que la curiosité est un vilain défaut.

I bambini volevano sapere quali fossero i loro regali di Natale, ma ho detto loro che la curiosità è una brutta cosa.

244

Il m'a foudroyé du regard quand j'ai commencé à parler de sa nouvelle petite amie.

Mi ha guardato con aria quando ho iniziato a parlare della sua nuova ragazza.

245

Quand il est devenu clair que nous ne pourrions finir à temps, nous avons décidé de nous arrêter là.

Quando è diventato chiaro che non potevamo finire in tempo, abbiamo deciso di fermarci lì.

246

Il était le meilleur employé de l'entreprise mais il a fait son temps.

Era il miglior dipendente dell'azienda, ma lo faceva il suo tempo.

Ça m'a fait très plaisir que tu viennes me voir au travail !

Mi ha reso molto felice che tu sia venuto a vedermi al lavoro!

N'écoute pas la musique trop fort ou tu seras sourd comme un pot.

Non ascoltare la musica troppo alta o rimarrai sordo da morire.

C'est arrivé juste une fois, n'en fais pas tout un plat.

È successo solo una volta, non farne un grosso problema.

Faire réparer la voiture a vraiment entamé leurs économies.

Far riparare l'auto ha davvero intaccato i loro risparmi.

Ma mère est totalement dépassée quand on parle de technologie.

Mia madre è totalmente sopraffatta quando si tratta di tecnologia.

Andrea pourra t'aider à ton arrivée mais tu devras te débrouiller toute seule ensuite.

Andrea sarà in grado di aiutarti al tuo arrivo, ma dopo dovrai cavartela da solo.

Voilà Donald. Quand on parle du loup

Questo è Donald. Parlando del diavolo

Rose, fuchsia. C'est du pareil au même.

Rosa, fucsia. È tutto uguale.

Son patron n'arrête pas de le traiter comme un chien

Il suo capo continua a trattarlo come un cane

Philippe est un empêcheur de tourner en rond. Il n'utilise jamais sa voiture mais il ne veut pas me la prêter.

Philippe è un impedimento a girare in tondo. Non usa mai la sua macchina ma non vuole prestarmela.

Maria travaille comme une folle pour payer les factures.

Maria lavora come una pazza per pagare le bollette.

Tu peux être certain qu'elle viendra avec Edouard.

Puoi star certo che verrà con Edward.

Tu es superbe dans cette robe!

Stai benissimo con questo vestito!

Mon père a eu cet emploi parce qu'il a été pistonné.

Mio padre ha ottenuto questo lavoro perché era stato incastrato.

Nous sommes tombés d'accord sur la plupart des conditions mais il nous reste à apporter la touche finale

Abbiamo concordato la maggior parte delle condizioni, ma dobbiamo ancora dare gli ultimi ritocchi

Les choses ne fonctionnent pas ainsi... On doit tout recommencer à zéro.

Le cose non funzionano così... Dobbiamo ricominciare tutto da capo.

Son patron l'a laissée partir, si tu vois ce que je veux dire

Il suo capo l'ha lasciata andare, se capisci cosa intendo

Ses discours sont ennuyeux à mourir

I suoi discorsi sono noiosi a morte

Mathématiques, c'est de l'hébreu pour moi.

La matematica è l'ebraico per me.

Ma vieille voisine me pompe toujours l'air en me parlant de ses chats.

La mia vecchia vicina mi succhia sempre l'aria mentre mi parla dei suoi gatti.

On ne sait jamais comment il va réagir. Il faudra improviser le moment venu.

Non sai mai come reagirà. Dovremo improvvisare quando sarà il momento

Je ne sais pas encore ce qu'il va passer mais j'ouvre grand les oreilles.

Non so ancora cosa accadrà ma spalanco le orecchie.

La nouvelle employée manque d'expérience donc je vais devoir l'aider.

La nuova dipendente manca di esperienza, quindi dovrò aiutarla

Nous avons fini par dénicher Emily dans la section bandes dessinées du magasin.

Abbiamo finito per trovare Emily nella sezione delle strisce disegni del negozio

---

Ils n'ont pas été trop durs envers Betty lors de sa première semaine de travail.

Non erano troppo Betty durante la sua prima settimana di lavoro.

Je ne sais pas ce qu'il se passe, je suis sur les nerfs

Non so cosa sta succedendo, sono al limite

Je voulais impressionner Magali mais je me suis couvert de ridicule.

Volevo impressionare Magali ma mi sono coperto di ridicolo.

Babette s'est finalement débarrassée de Michel

Babette si è finalmente sbarazzata di Michel

Ce que tu dis ne compte pas en fin de compte, c'est ce que tu fais.

Quello che dici alla fine non ha importanza, è quello che fai.

Cette annonce n'est qu'un début. Il y aura d'autres changements à venir.

Questo annuncio è solo l'inizio. Ce ne saranno altri cambiamenti a venire.

Elle s'est indignée de la nouvelle règle sur son lieu de travail.

Era indignata dalla nuova regola sul posto di lavoro.

Ses parents lui ont demandé d'essayer de repérer leur chat disparu.

I suoi genitori gli hanno chiesto di cercare di localizzare il loro gatto scomparso.

279

Bill et Pauline sont d'accord à propos de leurs prochaines vacances.

Bill e Pauline sono d'accordo per la loro prossima vacanza.

280

C'est apparu comme une évidence à quel point Paul aime Maria quand elle a commencé à sortir avec Joe.

Era ovvio quanto Paul ami Maria quando ha iniziato a frequentare Joe.

281

Elle a épousé Bernard en toute connaissance de cause

Sposò Bernard con piena cognizione di causa

282

Daniel est allé à l'encontre de nos conseils pour prouver qu'il avait raison.

Daniele andò contro il nostro consiglio per dimostrare che aveva ragione.

Ce n'est pas facile de garder son sérieux quand elle te regarde ainsi.

Non è facile mantenerla seria quando te lo dice Assomiglia a questo.

L'équipe adverse nous a battu sans tricher

La squadra avversaria ci ha battuto senza barare

Nous taillions une bavette depuis plus de deux heures quand nous réalisâmes que nous étions en retard

Stavamo tagliando un bavaglino da più di due ore quando ci siamo resi conto di essere in ritardo

La façon dont nos parents nous ont élevés est quelque chose dont ils peuvent être fiers.

Il modo in cui i nostri genitori ci hanno cresciuto è qualcosa di cui possono essere orgogliosi.

C'était juste pour s'amuser! Sans rancune?

Era solo per divertimento! Nessun rancore?

---

je voulais voyager tout seul mais à la dernière minute, j'ai eu la trouille.

Volevo viaggiare da sola ma all'ultimo minuto avevo paura.

Nous sommes toujours débordés avant l'été.

Siamo sempre sopraffatti prima dell'estate.

La demande en mariage de Billy a fait perdre la tête à Maud.

La proposta di matrimonio di Billy fece perdere la testa a Maud.

Arrête de ménager la chèvre et le chou et dis-nous ce que tu penses !

Smettila di risparmiare la capra e il cavolo e dicci cosa ne pensi!

Si ta sœur savait ce qu'il venait de se passer, elle s'en donnerait à cœur joie.

Se tua sorella sapesse cosa è appena successo, si divertirebbe molto.

La nouvelle du départ de Matilde était complètement inattendue

La notizia della partenza di Matilde è stata del tutto inaspettata.

Il aimait chercher la bagarre quand il était plus jeune.

Gli piaceva cercare un combattimento quando era più giovane.

Elle le mène par le bout du nez à chaque fois qu'elle lui demande quelque chose.

Lo prende per il naso ogni volta che gli chiede qualcosa.

Ils se tuaient tous les deux à la tâche pour rembourser leur prêt hypothécaire.

Entrambi si stavano uccidendo per pagare i loro mutui.

Il boit comme un trou mais il est toujours très poli.

Beve come un buco ma è sempre molto educato.

Ne t'énerve pas contre lui, nous avons d'autres chats à fouetter.

Non arrabbiarti con lui, abbiamo altri pesci da friggere.

Elle a quatre vingt quatorze (94) ans mais elle est en excellente santé

Ha novantaquattro (94) anni ma gode di ottima salute

Ce que Rosana a dit à Milena lors de la soirée a jeté de l'huile sur le feu.

Quello che Rosana ha detto a Milena alla festa ha aggiunto benzina sul fuoco.

Il l'a invitée à sortir avec lui mais elle l'a envoyé balader.

Lui la invitò a uscire con lui, ma lei lo mandò via.

Notre équipe les a battus à plates coutures pour la première fois.

Il nostro team li ha battuti sul tempo per la prima volta.

j'aimerais être une petite souris pour savoir ce qui se passe pendant ces réunions.

Vorrei essere un topolino per sapere cosa si svolge durante questi incontri.

Tu te berces d'illusions si tu crois que tu peux vivre à New York sans travailler.

Ti illudi se credi di poter vivere a New York senza lavorare.

Tout le monde l'aime bien parce qu'elle fait toujours de son mieux.

Piace a tutti perché le piace sempre al meglio delle sue capacità.

Je crois que j'ai encore fait une gaffe avec Anna.

Credo di aver commesso un altro errore con Anna.

Je n'arrête pas de tousser. Je crois que j'ai un chat dans la gorge.

Non riesco a smettere di tossire. Mi sembra di avere un gatto in gola.

Brigitte a piqué une crise quand j'ai commencé à parler de Daniel.

Brigitte ha fatto i capricci quando ho iniziato a parlare di Daniel.

Fais attention à Raymond. Il m'a déjà mené en bateau une fois.

Fai attenzione a Raymond. Mi ha già portato su una barca una volta.

Il passa l'arme à gauche à l'âge de quatre vingt huit (88) ans

Ha passato la pistola a sinistra all'età di ottantotto (88) anni

---

Tu ne devrais pas prendre des gants avec lui, il doit apprendre comment le travail se passe vraiment.

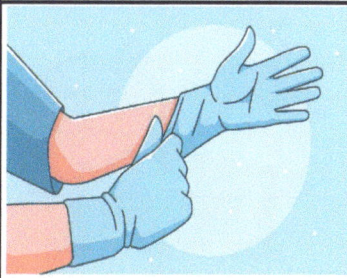

Non dovresti toglierti i guanti con lui, deve farlo Scopri come si svolge davvero il lavoro.

Ils ont réussi leur projet malgré le court délai.

Sono riusciti nel loro progetto nonostante la scadenza ravvicinata.

Jean a encore fait le pitre en classe aujourd'hui.

Jean era un altro clown in classe oggi.

j'ai tiré le bon numéro avec Gilles, c'est vraiment le meilleur petit ami !

Ho disegnato il numero giusto con Gilles, è davvero il miglior fidanzato!

On dit que les petites filles sont sages comme des images mais ce n'est pas toujours vrai.

Si dice che le bambine valgano quanto le immagini, ma non è sempre così.

Je sens que les enfants mijotent quelque chose aujourd'hui.

Sento che i bambini stanno cucinando qualcosa oggi.

j'ai appris par le téléphone arabe que Maria avait trouvé un nouveau boulot.

Ho saputo dal telefono arabo che Maria aveva trovato un nuovo lavoro.

Brandon ne traîne jamais quand on lui confie un nouveau projet.

Brandon non esce mai quando gli è stato affidato un nuovo progetto.

Cette maison n'est pas parfaite mais nous allons devoir faire contre mauvaise fortune bon cœur pour le moment.

Questa casa non è perfetta, ma ci torneremo
Dover affrontare la sfortuna con un buon cuore per il momento.

Je ne l'avais encore jamais vue perdre les pédales

Non l'avevo mai vista perdere la testa prima

Je sais que la situation n'est pas facile mais tu dois tenir bon.

So che non è facile, ma bisogna tenere duro.

je voulais dire non mais il m'a mis le couteau sous la gorge  Volevo dire di no ma lui mi ha puntato il coltello alla gola	Elle a agi prématurément et a annoncé à notre patron que le client avait accepté avant que le contrat soit signé.  Ha agito prematuramente e ha detto al nostro capo che il cliente aveva accettato prima della firma del contratto.
Daniel est resté sur ses positions même après que notre manager lui a parlé.  Daniel ha mantenuto la sua posizione anche dopo che il nostro manager gli ha parlato.	j'ai passé une très mauvaise semaine ; je vais me laisser aller ce week-end !  Ho avuto una settimana molto brutta; Ho Intenzione di lasciarmi andare questo fine settimana!

J'ai entendu Monica raconter des histoires qui te feraient faire dresser les cheveux sur la tête.

Ho sentito Monica raccontare storie che ti farebbero rizzare i capelli.

Marc est un gentil garçon mais il coupe toujours les cheveux en quatre.

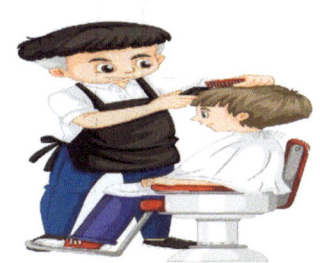

Marc è un bravo ragazzo ma spacca sempre i capelli.

Tu ne devrais pas cracher dans la soupe, ils sont vraiment très gentils avec toi.

Non dovresti sputare nella zuppa, sono davvero molto gentile con te.

Ils ont toujours mené une existence précaire.

Hanno sempre condotto un'esistenza precaria.

Ma sœur était aux petits soins pour ma mère quand elle était malade.

Mia sorella si è presa cura di mia madre quando era malata.

331

J'ai enfin pigé ce jeu.

Finalmente ho questo gioco.

332

Michel et Jean ont enterré la hache de guerre pour de bon.

Michel e Jean sepolti l'ascia di guerra per sempre.

333

Sa décision de partir pour l'Argentine a précipité ma demande en mariage.

La sua decisione di partire per l'Argentina ha fatto precipitare la mia proposta di matrimonio.

334

Joan est tombé éperdument amoureuse de Richard.

Joan si è innamorata perdutamente di Richard.

On peut toujours deviner ce qu'elle pense; elle laisse voir ses sentiments.

Si può sempre indovinare cosa sta pensando; se ne va per vedere i suoi sentimenti.

Elles sont décidées à gagner le championnat coûte que coûte.

Sono determinati a vincere il campionato a tutti i costi.

Il rangera sa chambre quand les poules auront des dents

Riordinerà la sua stanza quando le galline avranno i denti

Maud a laissé Gérard en plan quand elle est tombée sur Jenifer.

Maud ha lasciato Gérard nei guai quando è caduta su Jenifer.

Tes remarques étaient plutôt blessantes

Le sue osservazioni sono state piuttosto offensive

j'ai essayé de lui parler mais c'était en pure perte, il n'écoute jamais.

Ho provato a parlargli ma è stato uno spreco, non mi ascolta mai.

j'ai dû remettre mon voyage à plus tard parce que j'avais trop de travail.

Ho dovuto rimandare il mio viaggio perché avevo troppo lavoro.

La surprise partie était géniale mais le fait que tu sois venu était la cerise sur le gâteau.

La festa a sorpresa è stata fantastica, ma il fatto che tu sia venuto è stata la ciliegina sulla torta.

Tu devrais battre le fer pendant qu'il est chaud, il te dira peut-être oui aussi.

Dovresti battere il ferro finché è caldo, potrebbe dire di sì anche lui.

J'ai laissé tomber Jennifer quand elle a oublié notre rendez-vous pour la troisième fois consécutive.

Ho deluso Jennifer quando si è dimenticata del nostro appuntamento per la terza volta consecutiva.

Mélanie éprouve de la difficulté à parler de ses sentiments à ses amies.

Melanie ha difficoltà a parlare dei suoi sentimenti con i suoi amici.

Sylvie arrive au bureau tôt le matin pour avoir une longueur d'avance sur tout le monde.

Sylvie arriva in ufficio in anticipo al mattino per essere un passo avanti rispetto al Tutti.

Ils se sont tenus au courant de ce qui est arrivé à leurs voisins pendant un moment mais ils se sont arrêtés après leur déménagement.

Si tenevano aggiornati su ciò che accadeva ai loro vicini per un po', ma si sono fermati dopo essersi trasferiti.

j'ai essayé de lui parler mais elle est très discrète

Ho provato a parlarle ma è molto discreta

Tu dois arrêter avant qu'il ne soit trop tard.

Devi fermarti prima che sia troppo tardi.

Il m'a insulté devant mes amis, je vais lui rendre la monnaie de sa pièce.

Mi ha insultato davanti ai miei amici, glielo restituirò Gusto della propria medicina.

Elle m'en veut parce que j'ai été promu à sa place.

È arrabbiata con me perché sono stato promosso al suo posto.

Ils se sont mariés six mois seulement après leur rencontre.

Si sono sposati solo sei mesi dopo essersi conosciuti.

Nous allons devoir tâter le terrain avant de leur demander une faveur

Dovremo testare le acque prima di arrivarci. Chiedi un favore

Il vivait à cent à l'heure et il est mort jeune.

Viveva a cento miglia all'ora ed è morto giovane.

Il attend toujours que tout lui tombe tout cuit dans le bec.

Sta ancora aspettando che tutto gli cada in bocca.

j'aimerais que mon fils prenne exemple sur ta fille

Vorrei che mio figlio seguisse il tuo esempio

Ses résultats scolaires se sont améliorés à pas de géant.

I suoi risultati accademici sono migliorati a passi da gigante.

Ne t'inquiète pas de ce qu'il dit, il n'a aucun argument valable.

Non preoccuparti di quello che dice, non ha argomenti validi.

Il me fait marcher depuis quelques jours à propos de nos prochaines vacances.

Mi ha accompagnato per alcuni giorni riguardo alla nostra prossima vacanza.

Jean-Marc s'est donné beaucoup de mal pour organiser l'anniversaire de sa mère.

Jean-Marc ha fatto di tutto per organizzare il compleanno di sua madre.

Ils ont essayé d'étouffer le problème mais l'information s'est finalement ébruitée.

Hanno cercato di coprire il problema, ma le informazioni finalmente sono uscito.

Ils ont révélé ses secrets quand ils ont découvert ses vieux journaux intimes.

Hanno rivelato i suoi segreti quando hanno scoperto il suo vecchi diari

Le bébé s'est endormi tout de suite

Il bambino si è addormentato subito

j'avais la gorge serrée quand elle s'est éloignée.

La mia gola era stretta quando se ne andò.

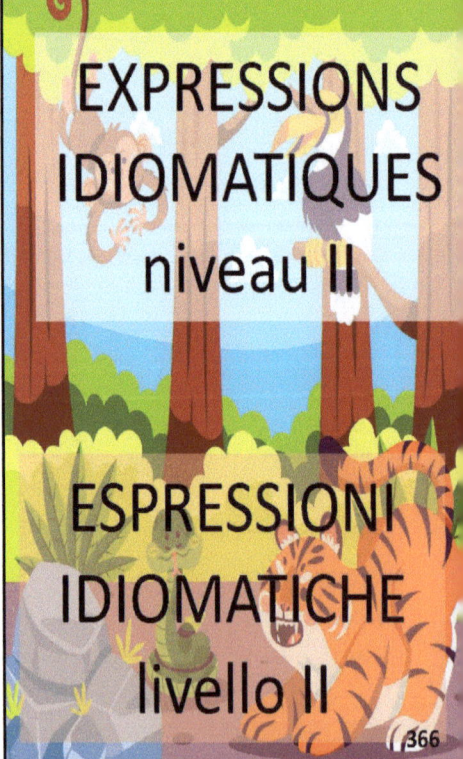

EXPRESSIONS IDIOMATIQUES niveau II

ESPRESSIONI IDIOMATICHE livello II

un compte à régler avec quelqu'un. Je suis vraiment bouleversée. J'ai un compte à régler avec vous. Vous avez de nouveau utilisé ma voiture, sans ma permission.

un conto in sospeso con qualcuno. Sono davvero sconvolto. Ho un conto in sospeso con te. Hai usato di nuovo la mia macchina, senza il mio permesso.

367

Êtes-vous prêt à partir ?
Oui, je suis prêt !
Être épuisé (fatigué).
Je suis épuisé à la fin de la journée.

Sei pronto a partire?
Sì, sono pronto!
Essere esausto (stanco).
Alla fine della giornata sono esausto.

368

Tout à coup, un homme de grande taille avec un manteau noir entra dans la pièce.

All'improvviso, un uomo alto con un cappotto nero entrò nella stanza.

369

Quelque chose de très facile à faire. Courir un semi-marathon ? Du gâteau! Un jeu d'enfant.

Qualcosa di molto facile da fare. Correre una mezza maratona? Gioco da ragazzi! Come bere un bicchier d'acqua.

370

En règle générale : une règle qui n'est pas basée sur la science, mais sur l'expérience personnelle
Une bonne règle de base est d'ajouter 10 œufs et un kg de farine pour faire des crêpes.

Come regola generale: una regola che non si basa sulla scienza, ma sull'esperienza personale Una buona regola è quella di aggiungere 10 uova e un kg di farina per fare i pancake.

Il était moins une quand quelque chose de grave a failli arriver.
J'ai failli rater mon vol pour Los Angeles. Il était moins une.

Aveva meno di un anno quando è quasi successo qualcosa di grave.
Ho quasi perso il mio volo per Los Angeles. Era meno uno.

Plus facile à dire qu'à faire, il est plus facile de parler de quelque chose que de le faire réellement. Arrêter de fumer est plus facile à dire qu'à faire.

Più facile a dirsi che a farsi, è più facile parlare di qualcosa che farla davvero. Smettere di fumare è più facile a dirsi che a farsi.

De temps en temps, assez souvent, régulièrement
De temps en temps, je me promène au bord de la mer.

Di tanto in tanto, abbastanza spesso, regolarmente
Di tanto in tanto, passeggio in riva al mare.

Tous les deux jours : Je prends une douche tous les jours, mais je ne me lave les cheveux qu'un jour sur deux.

A giorni alterni: faccio la doccia tutti i giorni, ma mi lavo i capelli solo a giorni alterni.

En présentiel : en personne
J'ai vraiment besoin de te voir face à face avant d'aller plus loin dans notre relation.

Di persona: di persona
Ho davvero bisogno di vederti faccia a faccia prima di andare avanti nella nostra relazione.

En désaccord avec : ne pas être d'accord avec.
Mon voisin et moi sommes constamment en désaccord l'un avec l'autre.

Non sono d'accordo: Non sono d'accordo.
Io e il mio vicino siamo costantemente in disaccordo l'uno con l'altro.

Une goutte d'eau dans l'océan : petite et insignifiante par rapport à l'ensemble. La promesse des États-Unis de verser 100 millions de dollars au fonds pour la forêt tropicale n'est qu'une goutte d'eau dans l'océan.

Una goccia nell'oceano: piccola e insignificante rispetto al tutto. L'impegno degli Stati Uniti di 100 milioni di dollari per il fondo per la foresta pluviale è solo una goccia nell'oceano.

Pénible, casse pied : une personne qui vous agace.
Dave est casse pied. Il se moque constamment de moi

Fastidioso, un rompiscatole: una persona che ti infastidisce.
Dave è un rompiscatole. Mi prende costantemente in giro

Allez droit au but : commencez à parler de la chose la plus importante.
S'il vous plaît, arrêtez de tourner autour du pot. Allez droit au but !

Vai dritto al punto: inizia a parlare della cosa più importante. Per favore, smettila di menare il can per l'aia. Vai dritto al punto!

Servez-vous : pour donner la permission de faire ou de prendre quelque chose.
Si vous avez faim, il y a beaucoup de nourriture dans le réfrigérateur. Servez-vous !

Usa te stesso: per dare il permesso di fare o prendere qualcosa.
Se hai fame, c'è un sacco di cibo in frigo. Usare!

Deux secondes : soyez patient.
Je suis presque prêt à partir. Deux secondes !

Due secondi: sii paziente.
Sono quasi pronto per partire. Due secondi!

À long terme : sur une longue période
L'achat d'un bien immobilier est une bonne décision à long terme.

A lungo termine: per un lungo periodo di tempo
L'acquisto di un immobile è una buona decisione a lungo termine.

Tout d'abord, avant tout : les questions les plus importantes doivent être traitées avant toute autre chose
Par où commencer ? Tout d'abord, choisissons le meilleur endroit pour planter la tente.

Prima di tutto: le questioni più importanti devono essere affrontate prima di ogni altra cosa
Da dove cominciare? Per prima cosa, scegliamo il posto migliore per piantare la tenda.

Tout cela pour dire que : le facteur le plus important
Tout cela pour dire que c'est votre patron qui vous harcèle. Vous devriez démissionner.

Tutto questo per dire che: il fattore più importante
Tutto questo per dire che è il tuo capo che ti sta molestando. Dovresti dimetterti.

---

au tout dernier moment : juste à temps.
Sophia a terminé la chambre du bébé juste à temps.

all'ultimo momento: appena in tempo.
Sophia finì la stanza del bambino appena in tempo.

Donner matière à réflexion : quelque chose qui vaut la peine d'être réfléchi.
Ils aiment beaucoup cette chronique dans le journal ; Cela leur donne matière à réflexion.

Dai spunti di riflessione: qualcosa su cui vale la pena riflettere.
A loro piace molto questa rubrica del giornale; Questo dà loro spunti di riflessione.

Merde, bonne chance !
souhaiter bonne chance, surtout avant une représentation
Ce soir, c'est la première du film. Bonne chance!

Merda, buona fortuna!
Augura buona fortuna, soprattutto prima di un'esibizione
Stasera c'è la premiere del film. Buona Fortuna!

Un petit mensonge : un mensonge sur une question sans importance
Mon frère avait l'habitude de raconter pas mal de petits mensonges quand il était enfant.

Una piccola bugia: una bugia su una questione irrilevante
Mio fratello diceva un sacco di piccole bugie quando era un bambino.

Et encore moins : sans parler de
La location d'un appartement à Londres coûte un bras et une jambe. Et encore moins d'en acheter un !

E ancora meno: per non parlare
Affittare un appartamento a Londra costa un occhio della testa. E ancora meno per comprarne uno!

Depuis un bail, des lustres : depuis très longtemps
Ma sœur vit en Australie depuis 4 ans. Je ne l'ai pas vue depuis des lustres !

Per molto tempo, per secoli: per molto tempo
Mia sorella vive in Australia da 4 anni. Non lo vedo da secoli!

Bien sûr, évidemment : lorsque vous accordez l'autorisation
Puis-je emprunter votre stylo s'il vous plaît ? Bien sûr !

Certo, certo: quando concedi il permesso
Posso prendere in prestito la tua penna, per favore? Certo!

À tous les niveaux : concernant tout et tout le monde
Cette décision créera un effet domino à tous les niveaux.

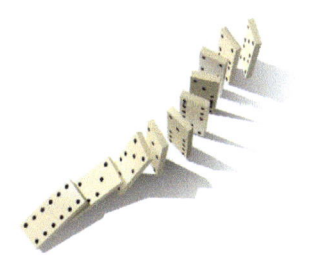

A tutti i livelli: su tutto e tutti
Questa decisione creerà un effetto domino a tutti i livelli.

Tiens, au fait : lorsque vous ajoutez quelque chose de nouveau, légèrement hors sujet, à une discussion en cours
L'autre jour, je lisais sur les voitures autonomes, et... Au fait, avez-vous acheté des légumes ?

A proposito: quando aggiungi qualcosa di nuovo, leggermente fuori tema, a una discussione in corso
L'altro giorno, stavo leggendo di auto a guida autonoma e... A proposito, hai comprato delle verdure?

De zéro, à partir de rien : dès le début
J'ai construit le studio de mes rêves à partir de zéro. Cela m'a pris environ un an.

Da zero, da zero: dall'inizio
Ho costruito lo studio dei miei sogni da zero. Mi ci è voluto circa un anno.

Être copains comme cochons : s'entendre vraiment
Maria et Dan sont copains comme cochons

Essere amici come maiali: andare davvero d'accordo
Maria e Dan sono amici come maiali

Et voilà, ô surprise, utilisé pour exprimer l'émerveillement et la surprise
Nous venions de parler de Steve quand, ô surprise, il est entré dans la cuisine.

Ed ecco qua, oh sorpresa, usato per esprimere meraviglia e sorpresa
Stavamo parlando di Steve quando, sorpresa, è entrato in cucina.

Faire exprès, intentionnellement
Jacob a blessé sa petite sœur, mais c'était un accident. Il ne l'a pas fait exprès.

Intenzionalmente
Jacob ferì la sua sorellina, ma fu un incidente. Non l'ha fatto apposta.

Sur le champ :
immédiatement, sans délai
J'ai besoin de vous parler sur-le-champ.

Immediatamente, senza indugio
Ho bisogno di parlarti subito.

Faites comme chez vous! : pour que quelqu'un se sente comme chez lui. Asseyez-vous, je vous prie. Faites comme chez vous!

Faccia come fosse a casa sua! : per far sentire qualcuno a casa. Siediti, ti prego. Faccia come fosse a casa sua!

Une fois tous les trente-six du mois, de temps en temps :
Je vais acheter des vêtements de temps en temps, seulement quand je n'ai plus rien à porter.

Una volta ogni trentasei del mese, di tanto in tanto:
Vado a comprare vestiti di tanto in tanto, solo quando non ho più nulla da indossare.

Pourrait tout aussi bien, autant : proposer de faire quelque chose.
Le vent s'est levé. Autant faire de la voile !

Potrebbe benissimo, altrettanto: proporsi di fare qualcosa.
Il vento si è alzato. Potresti anche andare in barca a vela!

Faire partie intégrante : une partie essentielle et incontournable de quelque chose
La gestion de classe fait partie intégrante de mon métier d'enseignante.

Essere parte integrante: parte essenziale e imprescindibile di qualcosa
La gestione della classe è parte integrante del mio lavoro di insegnante.

403

Tant pis, peu importe de dire à quelqu'un de ne pas s'inquiéter de quelque chose qui n'est pas si important. Oups, je viens de rater mon bus... Tant pis, je vais marcher.

Non importa, non importa se dici a qualcuno di non preoccuparsi di qualcosa che non è così importante. Oops, ho appena perso il mio autobus... Non importa, vado a camminare.

404

Une sacrée somme d'argent, une grosse somme d'argent. J'ai payé une sacrée somme d'argent pour cette nouvelle guitare.

Un sacco di soldi, una grande quantità di denaro. Ho pagato un sacco di soldi per questa nuova chitarra.

405

Remettre à plus tard, lorsque vous refusez une invitation, en suggérant que vous seriez prêt à accepter plus tard. Je suis désolé de devoir remettre à plus tard. Peut-être la prochaine fois. Je suis trop occupé à travailler.

Procrastinare, quando rifiuti un invito, suggerendo che saresti disposto ad accettare in seguito. Mi dispiace dover rimandare. Forse la prossima volta. Sono troppo occupato a lavorare.

406

Tout de suite : immédiatement
Je suis en retard. Je dois partir tout de suite !

Subito: subito
Sono in ritardo. Devo andarmene subito!

Nickel, impeccable : très propre
Je nettoie ma maison depuis trois heures. C'est impeccable maintenant

Nichel, immacolato: molto pulito
Sto pulendo la mia casa da tre ore. Ora è impeccabile

Vas - y doucement : pour vous détendre, être calme
Allez-y doucement mon ami. Vous vous mettez trop de pression.

Prenditela comoda: rilassarsi, essere calmi
Vacci piano, amico mio. Metti troppa pressione su te stesso.

Cela ne tient pas la route : n'a pas de sens, n'est pas raisonnable, n'est pas basé sur des faits
Cette théorie ne tient pas la route. C'est tout simplement absurde.

Non regge: non ha senso, non è ragionevole, non si basa sui fatti
Questa teoria non regge. Questo è semplicemente assurdo.

Contre vents et marées : contre toutes les circonstances
Quoi qu'il en coûte, je vous suivrai contre vents et marées.

Contro ogni previsione: contro ogni circostanza
Qualunque cosa costi, ti seguirò contro ogni previsione.

411

Avoir les pieds sur terre : être honnête, direct, pratique. Parfois même en manque d'imagination et de fantaisie John a toujours été très terre-à-terre. Il voit toujours le bon côté de chaque personne.

Avere i piedi per terra: essere onesti, diretti, pratici. A volte anche privo di immaginazione e fantasia, John è sempre stato molto con i piedi per terra. Vede sempre
il lato buono di ogni persona.

412

Être mal à l'aise : inconfortable
Ma patronne a fait un commentaire maladroit sur l'une de mes collègues qui l'a mise mal à l'aise.

Essere a disagio: scomodo
Il mio capo ha fatto un commento imbarazzante su una delle mie colleghe che l'ha fatta sentire a disagio.

413

Être dans le pétrin : être en difficulté, se retrouver dans une situation difficile
Il a échoué en physique et il n'a pas parlé de ses notes à ses parents. Il est dans le pétrin maintenant.

Essere nei guai: essere nei guai, trovarsi in una situazione difficile
Ha fallito in fisica e non ha detto ai suoi genitori dei suoi voti. Ora è nei guai.

414

Prendre le taureau par les cornes : pour se forcer à faire quelque chose de désagréable
Nina va prendre le taureau par les cornes et aller rompre avec son petit ami.

Prendere il toro per le corna: costringersi a fare qualcosa di spiacevole
Nina prenderà il toro per le corna e romperà con il suo ragazzo.

Briser la glace : essayer de faire la conversation ou de raconter quelque chose de drôle lorsque vous rencontrez quelqu'un pour la première fois
Lorsque les gens sont arrivés, Chris a essayé de briser la glace en faisant de mauvaises blagues.

Rompere il ghiaccio: cercare di fare conversazione o dire qualcosa di divertente quando si incontra qualcuno per la prima volta
Quando le persone arrivavano, Chris cercava di rompere il ghiaccio facendo battute cattive.

Tourner autour du pot : essayer d'éviter de parler d'un sujet spécifique
Allez, parlez-moi. Arrêtez de tourner autour du pot.

Girarci intorno: cercare di evitare di parlare di un argomento specifico
Dai, parla con me. Smettila di menare il can per l'aia.

Ne pas être dans son assiette : se sentir mal
Je ne suis pas dans mon assiette ce matin.

Non essere nel piatto: sentirsi male
Non sono nella mia forma migliore stamattina.

Une bonne fois pour toutes : enfin, pour la dernière fois
Nous devons nous attaquer à ce problème et régler les choses une bonne fois pour toutes.

Una volta per tutte: finalmente, per l'ultima volta
Dobbiamo affrontare questo problema e risolverlo una volta per tutte.

Quand les poules auront des dents : quelque chose qui n'arrivera jamais
Mon équipe de football gagnera un match quand les poules auront des dents

Quando le galline hanno i denti: qualcosa che non accadrà mai
La mia squadra di calcio vincerà una partita quando i polli avranno i denti

À jour : conformément aux dernières informations .
La liste est à jour maintenant que nous avons ajouté les noms des nouveaux membres.

Aggiornato: in conformità con le informazioni più recenti.
L'elenco è aggiornato ora che abbiamo aggiunto i nomi dei nuovi membri.

Prometteur : progressant bien, en devenir .
Ce jeune garçon est un comédien prometteur.

Promettente: si sta progredendo bene, si sta facendo. Questo giovane ragazzo è un attore promettente.

En état de marche : fonctionnel
Opérationnelle.
La nouvelle usine de Tesla est enfin opérationnelle.

funzionante: funzionale
Operativo.
La nuova fabbrica di Tesla è finalmente operativa.

Fonctionner comme un charme : fonctionne parfaitement.
Ma vieille radio des années 1960 fonctionne toujours comme un charme.

Funziona come un incantesimo funziona perfettamente.
La mia vecchia radio degli anni 60 funziona ancora a meraviglia

---

Dormir comme une bûche : dormir profondément.
Bonjour! Avez-vous bien dormi ? Ah oui, comme une bûche !

Dormi come un sasso: dormi sonni tranquilli.
Ciao! Hai dormito bene? Oh sì, come un tronco!

Être sur un petit nuage : se sentir extrêmement heureux et excité. Depuis leur mariage, Maria et Kev sont sur un petit nuage .

Essere al settimo cielo: sentirsi estremamente felici ed eccitati. Dal loro matrimonio, Maria e Kev sono stati al settimo cielo

Travailler jusqu'à l'aube : étudier ou travailler très tard le soir
Je dois travailler jusqu'à l'aube pour terminer ma dissertation de philosophie.

Lavorare fino all'alba: studiare o lavorare fino a tarda notte. Devo lavorare fino all'alba per finire la mia tesi di filosofia.

Appeler un chat un chat : quand on parle clairement et directement de quelque chose
Soyons honnêtes : votre nouveau voisin est vraiment ennuyeux. Appelons un chat un chat.

Chiamare le cose con il loro nome: quando si parla in modo chiaro e diretto di qualcosa
Siamo onesti: il tuo nuovo vicino è davvero fastidioso. Chiamiamo le cose con il loro nome.

Se dégonfler, avoir la trouille : se sentir soudainement nerveux à propos de quelque chose que vous étiez censé faire. Il a grimpé tout le long du pont et a fini par se dégonfler. Le saut à l'élastique peut être une expérience éprouvante pour les nerfs.

Avere paura: sentirsi improvvisamente nervosi per qualcosa che si doveva fare. Si arrampicò fino in fondo al ponte e alla fine si sgonfiò. Il bungee jumping può essere un'esperienza snervante.

Donner un coup de main. Donnez-moi un coup de main, s'il vous plaît. Je dois déplacer cette machine à laver.

Dare una mano. Dammi una mano, per favore. Devo spostare questa lavatrice.

S'arrêter là , décider d'arrêter de travailler .
Il est 23h00. Ce fut une journée productive. On s'arrête là pour aujourd'hui.

Fermati lì, decidi di smettere di lavorare.
Sono le 23:00. È stata una giornata produttiva. Ci fermiamo qui per oggi.

Cela coûte un bras, pour être très cher.
La location d'un appartement à Londres coûte un bras. Et encore moins d'en acheter un !

Costa un occhio della testa, per essere molto costoso.
Affittare un appartamento a Londra costa un occhio della testa. E ancora meno per comprarne uno!

Gagner sa vie : gagner assez d'argent pour subvenir à ses besoins et à ceux de sa famille
Il gagne sa vie en nettoyant les maisons des gens.

Guadagnarsi da vivere: guadagnare abbastanza soldi per mantenere se stessi e la propria famiglia
Si guadagna da vivere pulendo le case delle persone.

Joindre les deux bouts : pour gagner juste assez d'argent pour survivre.
John a du mal à joindre les deux bouts en servant de la nourriture dans cet endroit effrayant

Sbarcare il lunario: guadagnare abbastanza soldi per sopravvivere.
John fatica a sbarcare il lunario servendo cibo in questo posto spettrale

Faire une montagne d'une taupinière exagérer quelque chose d'insignifiant.
Mika a échoué à son test de plongeurs hier. Il est très contrarié à ce sujet. Il est clairement en train de faire une montagne d'une taupinière.

Fare di una montagna una talpa esagera qualcosa di insignificante.
Mika ha fallito il suo test subacqueo ieri. È molto arrabbiato per questo. Sta chiaramente trasformando una montagna in una talpa.

Se moquer de : rire de quelqu'un
Mon frère se moque toujours de moi parce que je ne sais pas siffler. Cela me rend fou.

Per prendere in giro: ridere di qualcuno
Mio fratello ride sempre di me perché non so fischiare. Mi fa impazzire

Devenir fou, se lâcher, extrêmement excité.
Il est devenu fou quand il a appris qu'il avait gagné 20 000 livres à la loterie.

Impazzire, lasciarsi andare, estremamente eccitato.
È impazzito quando ha saputo di aver vinto 20.000 sterline alla lotteria.

Suivre le mouvement : se mettre d'accord avec d'autres personnes pour faciliter les choses, accepter une situation
Il suffit de se détendre et de suivre le mouvement, il ne peut pas faire de mal.

Seguire la corrente: essere d'accordo con altre persone per rendere le cose più facili, per accettare una situazione
Rilassati e segui il flusso, non può far male.

ça me rend fou, pour agacer.
Cela me rend fou quand mon voisin passe l'aspirateur tard dans la nuit.

Mi fa impazzire, infastidirmi.
Mi fa impazzire quando il mio vicino passa l'aspirapolvere a tarda notte.

439

Tomber dans le panneau, se faire piéger.
J'ai fait une blague à mon cousin Richard et il est immédiatement tombé dans le panneau.

Cascarci, rimanere intrappolati.
Ho fatto uno scherzo a mio cugino Richard e lui ci è cascato immediatamente.

440

Manger un morceau : pour manger quelque chose.
Sur le chemin du retour après une soirée, il a mangé un morceau avec son plat à emporter indien préféré.

Mangiare un boccone: mangiare qualcosa.
Tornando a casa da una serata fuori, ha mangiato un boccone con il suo takeaway indiano preferito.

441

Se décider, prendre son parti, prendre une décision.
As-tu pris ton parti pour samedi soir ? Vous venez avec nous ?

Decidere, prendere una decisione, prendere una decisione.
Avete deciso per il sabato sera? Vieni con noi?

442

se tenir au courant, garder le contact.
Lors de leur premier rendez-vous, ils se sont embrassés et se sont promis de rester en contact.

Tieniti aggiornato, resta in contatto.
Al loro primo appuntamento, si sono baciati e hanno promesso di tenersi in contatto.

Connaître les ficelles du métier
Il travaille dans un garage et connaît les ficelles du métier lorsqu'il s'agit de réparer des voitures.

Conoscere i trucchi del mestiere
Lavora in un garage e conosce le basi quando si tratta di riparare auto.

Avoir le bec sucré, aimer le sucre envie de manger quelque chose de sucré.
Je ne mange jamais assez de chocolat. J'ai définitivement la dent sucrée.

Ha un debole per i dolci, ama lo zucchero, vuole mangiare qualcosa di dolce.
Non riesco mai a mangiare abbastanza cioccolato. Ho decisamente un debole per i dolci.

Dire quelque chose, faire penser à, mais vous n'êtes pas tout à fait sûr de ce que c'est.
Tiffani Amber Thiessen ? Oui, son nom vous dit quelque chose.

Dì qualcosa, fai riflettere le persone, ma non sei del tutto sicuro di cosa sia.
Tiffani Amber Thiessen? Sì, il suo nome vi dice qualcosa.

S'énerver ou se mettre en colère de manière inattendue
Mon patron s'est mis en colère pendant la réunion du matin. Il n'avait pas beaucoup dormi la nuit précédente.

Arrabbiarsi o arrabbiarsi inaspettatamente
Il mio capo si è arrabbiato durante la riunione mattutina. Non aveva dormito molto la notte prima.

Sur les nerfs : nerveux
Ça va ? Vous semblez un peu sur les nerfs ce soir.
Qu'est-ce qui ne va pas ?

Sui nervi: nervoso
Va bene? Sembra che tu sia un po' nervoso stasera. Cosa c'è che non va?

Suivre les traces de quelqu'un : faire les mêmes choses que quelqu'un que l'on admire a fait avant.
Il a suivi les traces de son oncle en devenant comédien.

Seguire le orme di qualcuno: fare le stesse cose che qualcuno che ammiri ha fatto prima.
Ha seguito le orme di suo zio diventando un attore.

Être pris en flagrant délit, la main dans le sac.
Marie a essayé de tricher lors de son examen de maths. Elle a été prise en flagrant délit.

Essere colto in flagrante.
Mary cercò di imbrogliare al suo esame di matematica. È stata colta in flagrante.

Adorer faire quelque chose, s'éclater à.
J'adore couper du bois pendant l'hiver.

Amare fare qualcosa, divertirsi.
Adoro tagliare la legna durante l'inverno.

Charlie a presque révélé le secret devant Anthony

Charlie ha quasi rivelato il segreto di fronte ad Anthony

Il pleut toujours là-bas

Sta ancora piovendo lì

Je n'aime pas la pluie	C'est une journée glaciale aujourd'hui

Non mi piace la pioggia	Oggi è una giornata gelida
455	456
C'était une matinée brumeuse	La neige a recouvert la terre

Era una mattina nebbiosa	La neve copriva la terra
457	458

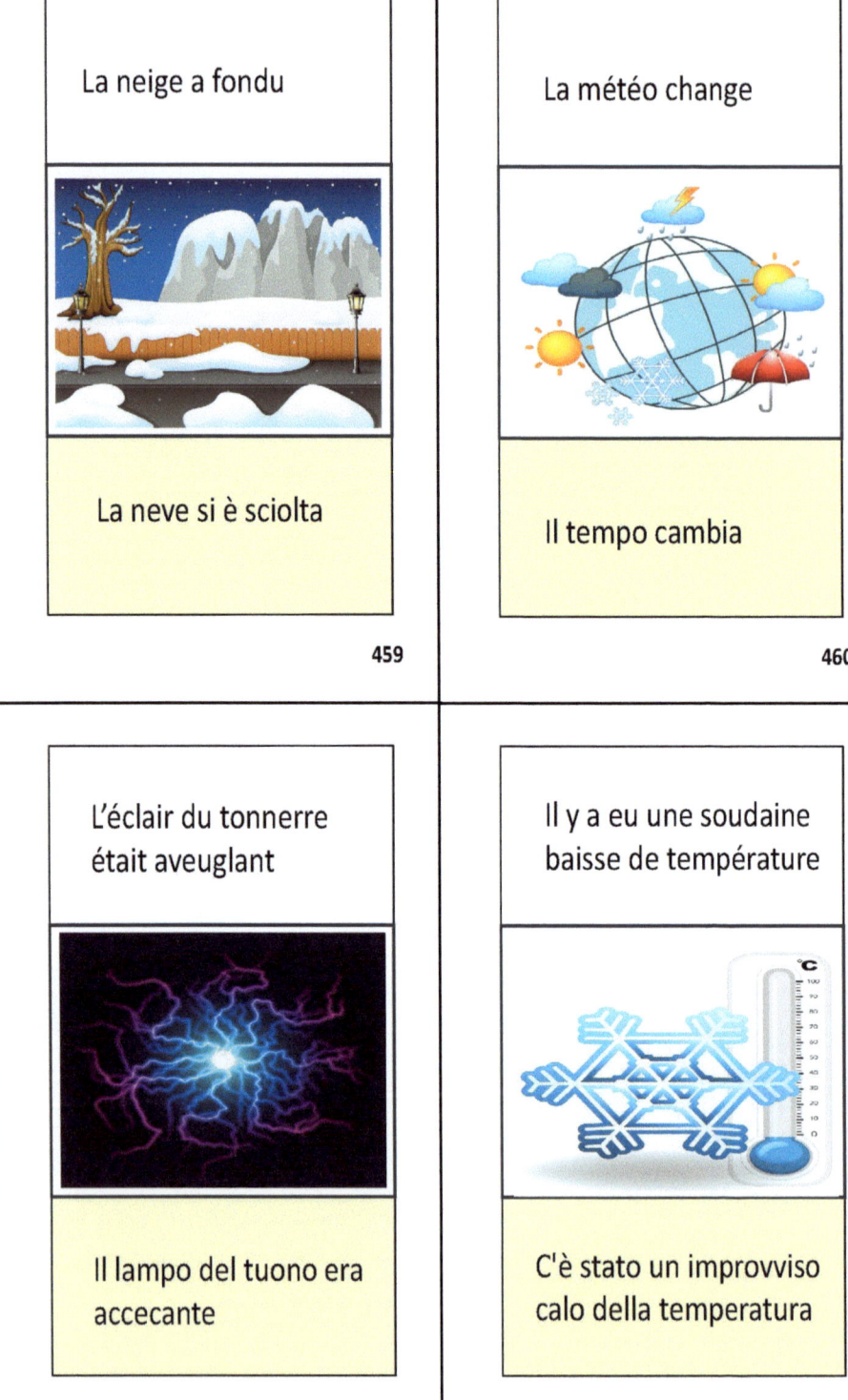

Il y a une soudaine montée de la température

C'è un improvviso aumento della temperatura

Il va pleuvoir

Pioverà

Il est sur le point de pleuvoir

Sta per piovere

Il a plu à verse toute la journée

Ha piovuto molto tutto il giorno

Je pense qu'il bruine un peu

Penso che stia piovigginando un po'

Il neige souvent en hiver

In inverno nevica spesso

C'est une journée venteuse aujourd'hui

Oggi è una giornata ventosa

Il pleut à verse toute la journée

Piove a catinelle tutto il giorno.

L'éclair a frappé l'arbre

Il fulmine colpì l'albero

Le soleil se lève à six heures

Il sole sorge alle sei

Le soleil se couche à huit heures

Il sole tramonta alle otto

C'était une soirée très froide

Era una serata molto fredda

C'était une journée pluvieuse

Era una giornata piovosa

Maintenant le ciel est clair

Ora il cielo è sereno

Cette plaine est complètement plate

Questa pianura è completamente pianeggiante

La rosée brille au soleil

La rugiada brilla al sole

L'orage approche très vite

La tempesta si sta avvicinando molto rapidamente

Quelle est la météo pour aujourd'hui ?

Com'è il tempo per oggi?

La température est montée au-dessus de zéro

La temperatura è salita sopra lo zero

Il y a une soudaine baisse de la température

C'è un improvviso calo della temperatura

L'eau a complétement gelé

L'acqua è completamente ghiacciata

483

La température est descendue au-dessous de zéro

La temperatura è scesa sotto lo zero

484

Il y a une énorme congère devant la maison

C'è un enorme cumulo di neve davanti alla casa

485

Tout sur la maison et les appartements

Tutto sulla casa e sugli appartamenti

486

Avoir une maison à soi est le rêve de tout homme sain de corps et d'esprit.

Avere una casa tutta per sé è il sogno di ogni uomo sano nel corpo e nella mente.

La plupart des gens vivent dans une maison dont ils ne sont pas propriétaires

La maggior parte delle persone vive in una casa che non possiede

---

Les moins riches louent une maison ou un appartement qui ne leur appartient pas

I meno abbienti affittano una casa o un appartamento che non appartiene a loro

---

Le propriétaire d'une maison loue aux locataires qui paient un loyer chaque mois

Il proprietario di una casa affitta a inquilini che pagano l'affitto ogni mese

Le bail fixe les conditions dans lesquelles le propriétaire loue sa maison et le montant du loyer à payer le jour du terme.

Il contratto di locazione stabilisce le condizioni alle quali il proprietario affitta la sua casa e l'importo dell'affitto da pagare il giorno del termine.

Si le locataire ne paie pas son loyer, le propriétaire peut le mettre à la porte, mais il ne peut le faire sans lui donner son congé

Se l'inquilino non paga l'affitto, il proprietario può cacciarlo, ma non può farlo senza darne preavviso

---

Certains propriétaires ont soit des appartements meublés, soit des chambres à louer. Ils accueillent des locataires ou des pensionnaires.

Alcuni proprietari hanno appartamenti ammobiliati o stanze in affitto. Accolgono inquilini o pensionanti.

Lorsqu'une personne ne peut pas rester dans une maison, elle doit déménager et en chercher une autre. Un déménagement n'est pas une affaire simple.

Quando una persona non può stare in una casa, deve trasferirsi e cercarne un'altra. Traslocare non è una questione semplice.

Si un homme est assez riche, il peut soit acheter une maison, soit en faire construire une.

Se un uomo è abbastanza ricco, può comprare una casa o farsene costruire una.

495

Si une personne achète une maison, elle s'adresse à un agent immobilier qui a une liste de maisons à vendre.

Se una persona sta acquistando una casa, si rivolge a un agente immobiliare che ha un elenco di case in vendita.

496

Si la personne choisit de faire construire une maison, elle s'adresse à un architecte qui lui propose un site et dessine le plan pour la concevoir.

Se la persona sceglie di costruire una casa, si rivolge a un architetto che propone un sito e redige il piano per progettarlo.

497

L'entrepreneur fournit les matériaux de construction et les ouvriers. Un chantier est ouvert.

L'appaltatore fornisce i materiali da costruzione e i lavoratori. È in corso un cantiere.

498

Les premiers ouvriers, à l'aide de pioches et de pelles, creusent les fondations.

I primi operai, utilizzando picconi e pale, scavarono le fondamenta.

Du ciment est posé dans les fondations et soutiendra les murs

Il cemento viene posato nelle fondamenta e sosterrà le pareti

Les maçons construisent la maison avec des pierres ou des briques reliées entre elles par du mortier.

I muratori costruiscono la casa con pietre o mattoni collegati tra loro da malta.

Au fur et à mesure que les murs grandissent, des échafaudages sont montés. Une isolation est installée.

Man mano che le pareti crescono, vengono erette impalcature. L'isolamento è installato.

Les murs des grands bâtiments sont généralement en béton ou en béton armé

Le pareti dei grandi edifici sono solitamente realizzate in cemento o cemento armato

---

Être propriétaire d'une maison est mieux que d'en être le locataire et ça revient moins cher en fin de compte

Possedere una casa è meglio che affittarla e alla fine è più economico

---

Préférez-vous une maison à la campagne ou un appartement en ville ?

Preferiresti avere una casa in campagna o un appartamento in città?

Quand il faut déménager, on doit souvent habiter dans un meublé pendant quelques semaines avant d'emménager dans la nouvelle maison

Quando devi trasferirti, spesso devi vivere in un appartamento ammobiliato per alcune settimane prima di trasferirti nella nuova casa

L'utilisation du bois à des fins de construction est appelée bois de construction. Les charpentiers fabriquent la charpente d'un toit. Il sera recouvert soit de tuiles, soit d'ardoises. Le travail est confié aux carreleurs ou aux ardoisiers.

L'uso del legno per l'edilizia è chiamato legname. I falegnami realizzano la struttura di un tetto. Sarà coperto con piastrelle o ardesie. Il lavoro è affidato a piastrellisti o operai dell'ardesia.

507

Les menuisiers ont une quantité considérable de travail à faire. Ils scient des planches. Ils les rendent lisses au moyen d'un rabot

I falegnami hanno una notevole quantità di lavoro da fare. Hanno visto le tavole. Li rendono lisci per mezzo di una pialla

508

Les petits morceaux de bois qui s'envolent sont les copeaux. Les menuisiers utilisent un marteau pour enfoncer des clous, un tournevis pour poser des vis, puis ils percent des trous.

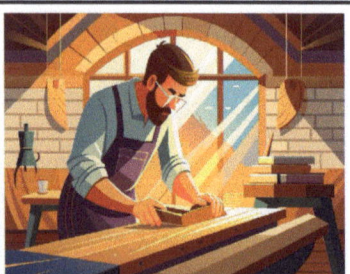

I piccoli pezzi di legno che volano via sono i trucioli. I falegnami usano un martello per piantare i chiodi, un cacciavite per fissare le viti e poi praticano dei fori.

509

Le plombier installe les lavabos, les baignoires et les robinets de toutes sortes. Ils soudent les tuyaux entre eux et permettent à l'eau froide et chaude de s'écouler jusque dans les évacuations

L'idraulico installa lavandini, vasche da bagno e rubinetti di ogni tipo. Saldano insieme i tubi e consentono all'acqua fredda e calda di fluire negli scarichi

510

Le serrurier installe les serrures qui sont nécessaires pour fermer les maisons à clé. Ils installent aussi les clôtures des jardins, les portails pour les voitures et les portillons.

Il fabbro installa le serrature necessarie per chiudere a chiave le case. Installano anche recinzioni da giardino, cancelli per auto e cancelli.

511

Le plâtrier aime plâtrer l'intérieur des murs. Ceux-ci sont ensuite peints ou blanchis à la chaux. Le peintre mélange sa peinture dans un seau. Il l'applique avec des pinceaux. Il doit souvent se tenir debout sur une échelle.

All'intonacatore piace intonacare l'interno delle pareti. Questi vengono poi dipinti o imbiancati. Il pittore mescola la sua vernice in un secchio. Lo applica con i pennelli. Spesso deve stare in piedi su una scala.

512

Les murs peuvent également être tapissés. C'est l'œuvre du colleur de papier peint. Le vitrier met les vitres.

Le pareti possono anche essere tappezzate. È il lavoro del pasta per carta da parati. Il vetraio mette le finestre.

513

L'électricien installe le câblage électrique dans toute la maison. il pose les prises et mets des lampes partout où cela est nécessaire.

L'elettricista installa i cavi elettrici in tutta la casa. Mette le prese e mette le lampade dove necessario.

514

Vous ne pouvez pas vous installer dans votre maison tant que le tapissier et le marchand de meubles ne l'ont pas rendu habitable. Vous pouvez enfin emménager et inviter vos amis à la pendaison de crémaillère.

Non puoi trasferirti nella tua casa finché il tappezziere e il rivenditore di mobili non la rendono abitabile. Puoi finalmente trasferirti e invitare i tuoi amici all'inaugurazione della casa.

515

Malgré un nombre considérable de maisons en construction, le problème du logement est loin d'être résolu.

Nonostante un numero considerevole di case in costruzione, il problema abitativo è ben lungi dall'essere risolto.

516

Il y a encore trop de bidonvilles épouvantables et de gens qui vivent dans des pièces sales et surpeuplées.

Ci sono ancora troppe baraccopoli spaventose e persone che vivono in stanze sporche e sovraffollate.

517

De nombreuses maisons délabrées ont besoin d'être démolies. D'autre part, de nombreuses maisons ont été bombardées pendant la dernière guerre.

Molte case fatiscenti devono essere demolite. D'altra parte, molte case sono state bombardate durante l'ultima guerra.

518

Des préfabriqués ont été installés à la hâte et sont toujours utilisés, malgré les grands lotissements qui ont vu le jour à l'extérieur de toutes les grandes villes.

Gli edifici prefabbricati sono stati installati in fretta e furia e sono ancora in uso, nonostante i grandi complessi residenziali sorti al di fuori di tutte le grandi città.

L'urbanisme a encore de nombreux problèmes à résoudre. Permettre de construire des logements sociaux obligatoires selon les villes et les régions

L'urbanistica ha ancora molti problemi da risolvere. Consentire la costruzione di alloggi sociali obbligatori in base alle città e alle regioni

Le fait est que les immeubles d'appartements et les immeubles HLM ne sont pas populaires auprès des Anglais. L'anglais moyen veut une maison pour lui-même.

Il fatto è che i condomini e gli edifici di edilizia sociale non sono popolari tra gli inglesi. L'inglese medio vuole una casa tutta per sé.

Une maison moderne est généralement individuelle ou jumelée. C'est une maison à deux étages avec le rez-de-chaussée et le dernier étage pour l'étage supérieur.

Una casa moderna è solitamente indipendente o semi-indipendente. Si tratta di una casa a due piani con il piano terra e l'ultimo piano per il piano superiore

Une maison ayant un rez-de-chaussée seulement est un bungalow. En France on appelle ces maisons des maisons de plain-pied.

Una casa con solo un piano terra è un bungalow. In Francia queste case sono chiamate case a un piano.

D'habitude, les maisons ont toutes du mobilier, un jardin devant ou derrière la maison, un garage et une cave. parfois il y a un sous-sol, une cour et des grilles fermant la propriété.

Di solito, le case hanno tutte i mobili, un giardino davanti o dietro la casa, un garage e una cantina. A volte c'è un seminterrato, un cortile e cancelli che racchiudono la proprietà.

L'espace sous le toit est le grenier. S'il est éclairé par des fenêtres dans le toit, on l'appelle la mansarde. Au-dessus du toit s'élèvent les cheminées et très souvent, une antenne de télévision.

Lo spazio sotto il tetto è la soffitta. Se è illuminato da finestre nel tetto, si chiama soffitta. Sopra il tetto si innalzano i camini e molto spesso, un'antenna televisiva.

Les gratte-ciels sur le modèle américain sont encore très rares dans les villes européennes. Les tours font une trentaine d'étages mais pas plus, comme la Tour Montparnasse à Paris.

I grattacieli all'americana sono ancora molto rari nelle città europee.
Le torri sono alte una trentina di piani ma non di più, come la Torre di Montparnasse a Parigi.

Une maison a un certain nombre de pièces ou d'appartements qui sont soit petits et même minuscules, soit grands et spacieux ou commodes.

Una casa ha un numero di stanze o appartamenti che sono piccoli e persino minuscoli, o grandi e spaziosi o comodi.

Le plafond d'une pièce est soutenu par des poutres et des chevrons. Il est plus ou moins haut ou bas. Il y a des cloisons entre les différentes pièces. Vous marchez sur le sol.

Il soffitto di una stanza è sostenuto da travi e travi. È più o meno alto o basso. Ci sono pareti divisorie tra le diverse stanze. Cammini sul pavimento.

Si les fenêtres sont larges, et c'est le cas des fenêtres en saillie, les chambres sont claires. Si les fenêtres s'ouvrent sur une rue étroite, les pièces sont mal éclairées voire sombres.

Se le finestre sono larghe, e questo è il caso delle finestre sporgenti, le stanze sono luminose. Se le finestre si aprono su una strada stretta, le stanze sono scarsamente illuminate o addirittura buie.

Beaucoup de gens aiment décorer leurs rebords de fenêtre avec des pots de fleurs. Les maisons anglaises n'ont pas de volets. Les stores sont tirés à la place.

A molte persone piace decorare i davanzali delle finestre con vasi di fiori. Le case inglesi non hanno le persiane. Le tende vengono invece tirate.

Si vous laissez plusieurs portes et fenêtres ouvertes, ou simplement entrouvertes, il y aura un courant d'air et les portes claqueront.

Se lasci diverse porte e finestre aperte, o semplicemente socchiuse, ci sarà una corrente d'aria e le porte sbatteranno.

La plupart des fenêtres anglaises, cependant, ne peuvent pas claquer parce que ce sont des fenêtres à guillotine qui glissent de haut en bas

La maggior parte delle finestre inglesi, tuttavia, non possono sbattere perché sono finestre a ghigliottina che scorrono su e giù

NOURRITURE REPAS, BOISSONS

CIBO, PASTI, BEVANDE

L'homme mange parce qu'il a faim. Il veut satisfaire sa faim.

L'uomo mangia perché ha fame. Vuole saziare la sua fame.

L'homme boit parce qu'il a soif. Il a besoin d'étancher sa soif.

L'uomo beve perché ha sete. Ha bisogno di dissetarsi.

535

Toute personne normale a de l'appétit quand vient le temps de s'asseoir à table

Ogni persona normale ha appetito quando arriva il momento di sedersi a tavola

536

Lorsqu'un garçon meurt de faim, la vue d'un aliment savoureux lui mettra l'eau à la bouche

Quando un ragazzo muore di fame, la vista di un cibo gustoso gli farà venire l'acquolina in bocca

537

Les garçons et les filles sont souvent gourmands. Ils avaleront leur nourriture (c'est-à-dire avaleront sans la mâcher)

I ragazzi e le ragazze sono spesso avidi. Ingoieranno il loro cibo (cioè, ingoieranno senza masticarlo)

538

Ils peuvent manger à se rendre malades. D'autres suceront des bonbons, des candies ou des glaces, toute la journée.

Possono mangiare per ammalarsi. Altri succhiano caramelle, caramelle o gelati, tutto il giorno.

Un gourmet, au contraire, est un homme qui aime la bonne chère, qui est pointilleux sur les différentes façons de cuisiner et d'apprêter les aliments.

Un buongustaio, d'altra parte, è un uomo che ama il buon cibo, che è schizzinoso riguardo ai diversi modi di cucinare e preparare il cibo.

Certaines personnes peuvent se contenter d'un repas ou d'une collation frugale. D'autres ont besoin d'un repas substantiel.

Alcune persone possono essere soddisfatte con un pasto o uno spuntino frugale. Altri hanno bisogno di un pasto sostanzioso.

La nourriture peut être simple, soit insipide ou savoureuse. Dans tous les cas, elle doit toujours être saine, jamais mauvaise.

Il cibo può essere semplice, insapore o gustoso. In ogni caso, deve essere sempre salutare, mai cattiva.

Avant chaque repas, la table doit être mise. Tout d'abord, la nappe est posée ou des dessous individuels sont placés directement sur la table.

Prima di ogni pasto, la tavola deve essere apparecchiata. Innanzitutto, viene posizionata la tovaglia o la biancheria intima individuale viene posizionata direttamente sul tavolo.

Le service de table, c'est-à-dire les assiettes et les plats) est fait de faïence ou de porcelaine.

Il servizio da tavola, ovvero i piatti e le stoviglie, è realizzato in terracotta o porcellana.

Ce n'est pas tout le monde qui mange dans de la vaisselle d'argent ou d'or !

Non tutti mangiano da piatti d'argento o d'oro!

Les couverts seront apportés sur un plateau ou un chariot à dîner. Il comprend les fourchettes, les cuillères et les couteaux

Le posate saranno portate su un vassoio o su un carrello per la cena. Include forchette, cucchiai e coltelli

La soupe est servie dans la soupière, la salade dans un saladier. Il y a une serviette ou un essuie-main pour chaque personne.

La zuppa viene servita nella zuppiera, l'insalata in un'insalatiera. C'è un asciugamano o un asciugamano per ogni persona.

547

En Angleterre, il y a en général une petite assiette spécialement utilisée pour le pain, car il n'est jamais mangé directement sur la nappe

In Inghilterra, ci sono un piattino appositamente utilizzato per il pane, perché non è mai mangiato direttamente dalla tovaglia

548

Les tranches de pain peuvent être coupées dans la miche, ou des petits pains sont fournis.

Fette di pane possono essere tagliate dalla pagnotta o vengono forniti panini.

549

Lorsqu'un petit pain est cassé, des miettes tombent sur l'assiette. Le pain peut être frais ou rassis

Quando un panino si rompe, le briciole cadono sul piatto. Il pane può essere fresco o raffermo

550

Les gens boivent souvent de l'eau ou du vin à table, hormis les cafés et thés qu'ils boivent en dehors

Le persone spesso bevono acqua o vino a tavola, ad eccezione dei caffè e dei tè che bevono all'aperto

551

Le café est versé de la cafetière, le lait de la cruche à lait. le café est réconfortant et ravigote. Il est bu dans toutes les circonstances de la vie

Il caffè viene versato dalla caffettiera, il latte dalla lattiera. Il caffè è confortante e ringiovanente. Si beve in tutte le circostanze della vita

552

Le café est naturellement amer et il faut ajouter du sucre pour le rendre sucré. Les morceaux de sucre sont dans le sucrier

Il caffè è naturalmente amaro e per renderlo dolce bisogna aggiungere zucchero. Le zollette di zucchero sono nella zuccheriera

553

Le thé est la boisson nationale des Anglais.

Il tè è la bevanda nazionale degli inglesi.

554

Lorsque la maîtresse de maison sert le thé, elle réchauffe la théière avec de l'eau chaude.

Quando la padrona di casa serve il tè, riscalda la teiera con acqua calda.

555

Pour préparer le thé, utilisez une cuillerée à café de thé pour chaque personne et une pour la théière

Per preparare il tè, usa un cucchiaino di tè per ogni persona e uno per la teiera

556

Vous devez infuser le thé pendant 3 à 5 minutes et le verser dans de l'eau bouillante

È necessario mettere in infusione il tè per 3-5 minuti e versarlo in acqua bollente

557

Vous devez verser du thé dans chaque tasse à thé, placée sur une soucoupe, et ajouter du sucre et du lait ou de la crème.

Versare il tè in ogni tazza da tè, posta su un piattino, e aggiungere lo zucchero e il latte o la panna.

558

Nous faisons passer les tasses de thé après avoir recouvert la théière d'un couvre-théière, et lorsque les tasses sont vides, elles sont remplies à nouveau à partir de la théière.

Passiamo le tazze da tè dopo aver coperto la teiera con un accogliente tè e, quando le tazze sono vuote, vengono riempite nuovamente dalla teiera.

Il n'y a généralement rien de plus que de l'eau pour accompagner un repas. Il est versé l'eau de la cruche dans les verres. Le vin est un luxe dans la plupart des pays

Di solito non c'è altro che acqua per accompagnare un pasto. L'acqua della brocca viene versata nei bicchieri. Il vino è un lusso nella maggior parte dei paesi

---

Les boissons que les gens aiment sont le porto, les vins de Bourgogne ou de Bordeaux, les vins du Rhin et le champagne. La plupart nécessite un tire-bouchon pour ôter le bouchon de la bouteille, et les vins sont généralement servis dans des verres spéciaux.

Le bevande che piacciono alla gente sono i vini di Porto, di Borgogna o di Bordeaux, i vini del Reno e lo champagne. La maggior parte richiede un cavatappi per rimuovere il tappo dalla bottiglia e i vini vengono solitamente serviti in bicchieri speciali.

La bière est proposée dans plusieurs pays comme la France, l'Allemagne, la Belgique, l'Angleterre et les Pays-Bas. Blonde, brune, ambrée ou noire, elle titre des degrés différents selon les régions du Monde.

La birra è offerta in diversi paesi come Francia, Germania, Belgio, Inghilterra e Paesi Bassi. Biondo, castano, ambrato o nero, ha gradi diversi a seconda della regione del mondo.

A part la bière, les différentes boissons alcoolisées sont le cidre, le brandy, le gin, le whisky et toutes les liqueurs. Les personnes qui ne boivent pas du tout d'alcool sont des antialcoolique.

Oltre alla birra, le varie bevande alcoliche sono il sidro, il brandy, il gin, il whisky e tutti i liquori. Le persone che non bevono affatto alcolici sono antialcolisti.

Au lieu de prendre deux grands repas uniques, les Anglais en prennent plusieurs petits. Le petit-déjeuner ouvre la journée, après cela le déjeuner en milieu de journée et le dîner le soir

Invece di avere due pasti singoli grandi, gli inglesi ne mangiano diversi piccoli. La colazione apre durante il giorno, dopo il pranzo a metà giornata e la cena la sera

---

Le repas de midi s'appelle le déjeuner. Peu de personnes en activité le prennent à la maison. Il se présente généralement sous la forme de pain de mie tranché avec une bouteille d'eau ou de soda

Il pasto di mezzogiorno è chiamato pranzo. Poche persone in attività lo prendono a casa. Di solito si presenta sotto forma di pane per tramezzini affettato con una bottiglia d'acqua o soda

---

Les différents modes de cuisson sont soit le rôti, soit le bouilli, soit une grillade ou une cuisson à l'étuvée, soit en friture.

I diversi metodi di cottura sono arrosto, bollito, alla griglia o in umido o frittura.

La viande est soit crue, soit cuite, soit tendre ou dure, maigre ou grasse. Quand elle est cuite, la viande est à point, saignante ou trop cuite. Il peut y avoir du jus de viande selon les modes de cuisson. Elle est mise dans une saucière

La carne è cruda, cotta, tenera o dura, magra o grassa. Una volta cotta, la carne è mediamente cotta, rara o troppo cotta. Potrebbero esserci succhi di carne a seconda dei metodi di cottura. Viene messa in una salsiera

Les condiments sont le sel et le poivre, l'huile et le vinaigre, de la moutarde, des sauces ou des condiments, et des cornichons. Tous sont généralement faits pour relever les plats comme l'ail, l'oignon, le piment ou le persil.

I condimenti includono sale e pepe, olio e aceto, senape, salse o condimenti e sottaceti. Tutti sono generalmente fatti per insaporire piatti come aglio, cipolla, peperoncino o prezzemolo.

On distingue les légumes fleurs (artichaut, chou-fleur, brocoli), les légumes feuilles (chou, épinard, salade endive, blette), les légumes fruits (concombre, aubergine, courgette, tomate), les légumes à bulbe (oignon, échalote, ail) et les légumes tubercules (topinambour, pomme de terre)

Si distinguono tra ortaggi da fiore (carciofo, cavolfiore, broccoli), ortaggi a foglia (cavoli, spinaci, indivia, bietole), ortaggi da frutto (cetrioli, melanzane, zucchine, pomodoro), ortaggi bulbosi (cipolla, scalogno, aglio) e ortaggi tubero (topinambur, patata

Les desserts sont tous les plats sucrés comme les entremets, le riz au lait, le pudding, le flan, la tarte, la confiture, un gâteau ou une pâtisserie ou des biscuits

I dessert sono tutti i piatti dolci come dessert, budino di riso, budino, sformato, torta, marmellata, torta o pasticceria o biscotti

LA VIE DOMESTIQUE

VITA DOMESTICA

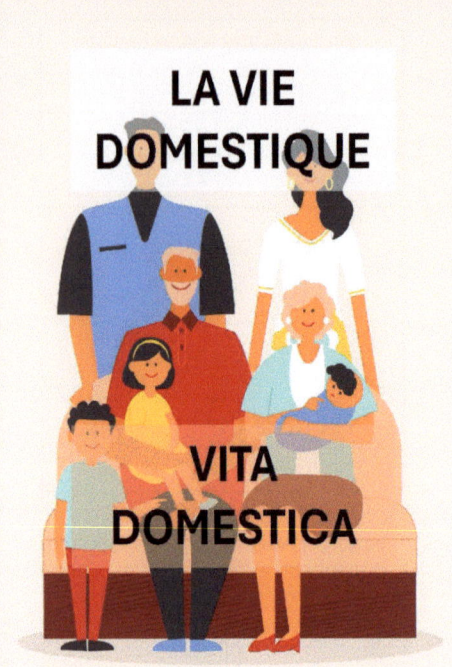

Lorsqu'un visiteur vient rendre visite à M. Smith, il pousse la porte du jardin, puis se dirige vers la porte d'entrée. Il se tient sur le seuil de la porte et sonne ou frappe avec le heurtoir de porte, comme ceci : toc toc toc

Quando un visitatore viene a trovare il signor Smith, apre il cancello del giardino e poi si dirige verso la porta d'ingresso. Si mette sulla soglia di casa e suona o bussa con il battente, in questo modo: toc toc toc

---

Lorsque M. Smith quitte sa maison, il verrouille la porte, met l'alarme en marche et, à son retour, il met la clé dans le trou de la serrure et déverrouille la porte. Il éteint l'alarme. La nuit, il verrouille la porte.

Quando il signor Smith esce di casa, chiude a chiave la porta, attiva l'allarme e, quando torna, mette la chiave nel buco della serratura e apre la porta. Spegne l'allarme. Di notte, chiude a chiave la porta.

Lorsque la porte d'entrée est ouverte, le visiteur se retrouve dans le hall. Il y a un porte-manteau sur lequel il peut accrocher son chapeau et son manteau. Au fond du hall, il voit l'escalier qui mène au dernier étage. Il y a aussi un couloir.

Quando la porta d'ingresso viene aperta, il visitatore si trova nell'atrio. C'è un appendiabiti su cui può appendere il cappello e il cappotto. Alla fine del corridoio, vede la scala che porta all'ultimo piano. C'è anche un corridoio.

Le visiteur sera introduit dans le salon ou dans la salle de séjour ou salon. C'est la pièce où se déroule la vie de famille. D'où son autre nom, le living room.

Il visitatore sarà introdotto al soggiorno o al soggiorno o al salotto. È la stanza dove si svolge la vita familiare. Da qui il suo altro nome, il soggiorno.

La poignée de main est une mode continentale. Lorsque les visiteurs sont accueillis, on leur dira « mettez-vous à l'aise ». Il y a en effet deux fauteuils confortables et une chaise profonde ou un canapé avec des coussins moelleux.

La stretta di mano è una moda continentale. Quando i visitatori vengono accolti, verrà detto loro di "mettersi comodi". Ci sono infatti due comode poltrone e una sedia profonda o un divano con morbidi cuscini.

La chambre est douillette et confortable. Un tapis profond recouvre le sol. Bien qu'il y ait probablement un rideau à la fenêtre, les meubles modernes sont généralement simples.

La camera è accogliente e confortevole. Un tappeto profondo copre il pavimento. Anche se probabilmente c'è una tenda alla finestra, l'arredamento moderno è solitamente semplice.

PROVERBES

PROVERBI

Ventre affamé n'a point d'oreilles

Ventre digiuno non ode nessuno.

La faim est le meilleur des cuisiniers

La fame è il miglior cuoco

La qualité se révèle à l'usage

La qualità si rivela nell'uso

Il y a loin de la coupe aux lèvres

Tra il dire e il fare c'è di mezzo il mare.

A bon vin point d'enseigne

Un buon vino senza segno

Quand le vin est tiré, il faut le boire

Quando si è in ballo bisogna ballare.

Les affaires sont les affaires.

Il business è business.

L'appétit vient en mangeant.

L'appetito arriva mangiando.

L'argent est le nerf de la guerre.

Il denaro è il nervo della guerra.

L'argent n'a pas d'odeur.

Il denaro non ha odore

Avoir les yeux plus gros que le ventre.

Avere occhi più grandi che la pancia.

Courir deux lièvres à la fois.

Correre due lepri alla volta.

Faire d'une pierre deux coups

Facendo due colpi con una pietra

La fin justifie les moyens.

Il fine giustifica i mezzi.

La foi transporte les montagnes.

La fede sposta le montagne.

La fortune sourit aux audacieux.

La fortuna sorride agli audaci.

Gouverner c'est prévoir.

Governare è prevedere.

Grâce à Dieu, tout est possible.

Grazie a Dio, tutto è possibile.

Un homme averti en vaut deux.

Uomo avvisato è mezzo salvato.

Il n'y a que les montagnes qui ne se rencontrent jamais.

Le montagne stanno ferme e gli uomini si muovono.

Impossible n'est pas français.

Impossible non è francese.

Les jours se mesurent à ce qu'on fait.

I giorni si misurano in base a ciò che si fa.

Le monde appartient à ceux qui se lèvent tôt.

Le ore del mattino hanno l'oro in bocca.

Les petits ruisseaux font les grandes rivières.

Piccoli corsi d'acqua fanno grandi fiumi.

Quand on veut, on peut.

Dove c'è la volontà, c'è il modo.

603

Qui ne risque rien, n'a rien.

Chi non risica non rosica.

604

Qui veut la fin veut les moyens.

Chi vuole il fine vuole i mezzi.

605

Qui veut voyager loin, ménage sa monture.

Chi va piano, va sano e va lontano

606

La raison du plus fort est toujours la meilleure.

Contro la forza la ragione non vale.

L'ami de mon ami est mon ami.

L'amico del mio amico è il mio amico.

Mieux vaut être seul que mal accompagné.

Meglio soli che male accompagnati.

Les petits cadeaux entretiennent l'amitié.

Le piccole attenzioni tengono viva l'amicizia.

Qui a bon voisin a bon matin.

Chi ha un buon vicino ha il buongiorno.

Il n'y a pas de fumée sans feu

Non c'è fumo senza arrosto.

Heureux au jeu, malheureux en amour.

Fortunato in amore non giochi a carte

Qui part à la chasse perd sa place.

Chi va via perde il posto all'osteria.

On ne saurait faire boire un âne qui n'a pas soif.

Trenta monaci e un abate non farebbero bere un asino per forza.

Mettre la charrue devant les bœufs.

Mettere il carro davanti ai buoi.

Prendre le taureau par les cornes.

Prendere il toro per le corna.

Qui vole un oeuf vole un boeuf.

Chi ruba un uovo oggi, ruba una gallina domani.

Avoir d'autres chats à fouetter.

Avere altri pesci da friggere.

Appeler un chat un chat.

Chiamare le cose con il loro nome.

Chat échaudé craint l'eau froide.

Cane scottato dall'acqua calda teme la fredda.

Les chiens ne font pas des chats.

I cani non fanno gatti.

Il ne faut pas réveiller un chat qui dort.

Non vuoi svegliare un gatto che dorme.

Un tient vaut mieux que deux tu l'auras

Meglio un uovo oggi che una gallina domani.

La nuit, tous les chats sont gris.

Di notte tutti i gatti sono bigi.

Quand le chat n'est pas là, les souris dansent.

Quando il gatto non c'è, i topi ballano.

Chien qui aboie ne mord pas.

Can che abbaia non morde.

Les chiens aboient et la caravane passe.

La luna non cura l'abbaiar dei cani.

Les loups ne se mangent pas entre eux.

Lupo non mangia lupo.

Ménager la chèvre et le chou.

Risparmiare la capra e cavolo.

Faute de grives,
on mange des merles.

In tempo di carestia
pane di vecce.

631

Une hirondelle ne fait
pas le printemps.

Una rondine non fa
primavera.

632

Il ne faut pas mettre tous
ses œufs dans le même
panier.

Non dovresti mettere
tutte le uova nello
stesso paniere.

633

Petit poisson deviendra
grand, pourvu que Dieu
lui prête vie.

Il pesce piccolo
diventerà grande, se Dio
gli darà la vita.

634

Il ne faut pas vendre la peau de l'ours avant de l'avoir tué.

Non dir quattro se non l'hai nel sacco.

On n'apprend pas à un vieux singe à faire des grimaces.

Non si insegna ai gatti ad arrampicarsi.

On n'attrape pas les mouches avec du vinaigre.

Non si prendono le mosche con l'aceto.

On ne prend pas les mouches avec du vinaigre, mais avec du miel

Le mosche non si prendono con l'aceto, ma con il miele

Abondance de biens ne nuit point.

Abbondanza non nuoce.

L'argent ne fait pas le bonheur.

La ricchezza non fa la felicità.

La parole est d'argent, le silence est d'or.

Il silenzio è d'oro e la parola è d'argente.

Pierre qui roule n'amasse pas mousse.

Pietra smossa non fa muschio.

Plaie d'argent n'est pas mortelle.

Alla mancanza di denaro si remedia sempre.

Qui paye ses dettes s'enrichit.

Chi paga debito acquista credito.

Vouloir c'est pouvoir.

Dove c'è la volontà c'è il modo.

Dans l'adversité, on connaît ses amis.

Nelle avversità, conosci i tuoi amici.

À toute chose, malheur est bon.

Per tutte le cose, la sfortuna è buona.

Au royaume des aveugles, les borgnes sont rois.

In terra di ciechi l'orbo è re.

De deux maux, il faut choisir le moindre.

Dei due mali, dobbiamo scegliere il minore.

L'espoir fait vivre.

La speranza è l'ultima a morire.

Les meilleures choses ont une fin.

Le cose migliori devono finire.

Tel qui rit vendredi, dimanche pleurera.

Chi ride il venerdì, la domenica piangerà.

À malin, malin et demi.

A briccone briccone e mezzo.

C'est la goutte d'eau qui fait déborder le vase.

Questa è la goccia che fa traboccare il vaso.

La curiosité est un vilain défaut.

Tanto va la gatta al lardo che ci lascia lo zampino.

Deux avis valent mieux qu'un.

Quattro occhi vedono meglio di due.

Les murs ont des oreilles.

Anche i muri hanno orecchi.

Le jeu n'en vaut pas la chandelle.

Il gioco non vale la candela.

Méfiance est mère de sûreté.

Sfiducia è madre della sicurezza.

Qui ne fait rien n'a rien.

Chi non fa niente non ha niente

Qui ne risque rien, n'a rien.

Chi non risica non rosica

À cœur vaillant rien d'impossible.

Cuor forte vince cattiva sorte.

L'exactitude est la politesse des rois.

L'accuratezza è la cortesia dei re.

La nuit porte conseil.

La notte porta consiglio.

On a souvent besoin d'un plus petit que soi.

Spesso abbiamo bisogno di un più piccolo di noi stessi.

On n'est jamais si bien servi que par soi-même.

Chi fa da sé fa per tre.

Patience et longueur de temps font mieux que force ni que rage.

Chi la dura la vince.

Péché avoué est à moitié pardonné.

Il peccato confessato è perdonato a metà.

Personne n'est parfait.

Nessuno è perfetto.

Qui va lentement, ménage sa monture.

Chi va piano, si prende cura del suo cavallo.

Tourner sa langue sept fois dans sa bouche avant de parler.

Parla poco e ascolta assai e giammai non fallirai.

Tout vient à point nommé pour qui sait attendre.

Col tempo e con la paglia maturano le nespole.

Apporter de l'eau à son moulin.

Portare acqua al tuo mulino.

Avoir plus d'une corde à son arc.

Avere più di una corda al tuo arco.

Bien mal acquit ne profite jamais.

La farina del diavolo va tutta in crusca.

Les bons comptes font les bons amis.

Patti chiari e amicizia lunga.

C'est au pied du mur qu'on connaît le maçon.

È ai piedi del muro che conosciamo il muratore.

C'est en forgeant qu'on devient forgeron.

la pratica rende esperti, sbagliando s'impara

Chose promise, chose due.

Ha scelto la promessa, ha scelto la scadenza.

Les cordonniers sont les plus mal chaussés.

In casa di calzolaio non si hanno scarpe.

Dix fois sur le métier, remettre son ouvrage

Dieci volte sul lavoro, mano nel suo lavoro

Il faut battre le fer quand il est chaud.

Bisogna battere il ferro sin quando è caldo.

Il ne faut pas jeter le manche après la cognée.

Non dovresti lanciare il manico dopo l'ascia.

La plus belle fille du monde ne peut donner que ce qu'elle a.

La ragazza più bella del mondo può dare solo quello che ha.

Qui sème le vent récolte la tempête.

Chi semina vento, raccoglie tempesta.

Qui s'y frotte s'y pique.

Chi tocca si scotta.

À vaincre sans péril, on triomphe sans gloire.

Dove non c'è pericolo, non c'è gloria.

De la discussion jaillit la lumière.

Dalla discussione nasce la luce.

Envoyer quelqu'un sur les roses.

Manda qualcuno sulle rose.

L'union fait la force.

Uniti resistiamo, divisi cadiamo.

Il vaut mieux tenir que courir.

Non lasciare il certo per l'incerto.

Œil pour œil, dent pour dent.

Occhio per occhio, dente per dente.

Nul n'est prophète dans son pays.

Nessuno è profeta nel proprio paese.

Les plaisanteries les plus courtes sont les meilleures.

Le battute più brevi sono le migliori.

Comme on fait son lit, on se couche.

Come ci si rifà il letto, si va a letto.

Être logés à la même enseigne.

Essere sulla stessa barca.

Petit à petit l'oiseau fait son nid.

A quattrino a quattrino si fa il fiorino.

Qui se ressemble s'assemble.

Chi s'assomiglia si piglia.

Ça ne casse pas trois pattes à un canard.

Non rompe le zampe di un'anatra.

l'oisiveté est mère de tous les vices.

L'ozio è il padre dei vizi.

après la pluie le beau temps

Buon tempo e mal tempo non dura tutto il tempo.

Chassez le naturel, il revient au galop

Vizio per natura fino alla fossa dura.

Cœur qui soupire n'a pas ce qu'il désire

Chi dice «ma» il cor contento non ha.

703

en avril ne te découvre pas d'un fil

Ad aprile non ti scoprire.

704

il ne faut pas dire fontaine, je ne boirai pas de ton eau.

Fino che uno ha denti in bocca non sa mai quel che gli tocca..

705

il ne faut pas remettre au lendemain ce qu'on peut faire le jour même

Non rimandare a domani quello che puoi fare oggi.

706

EXPRESSIONS IDIOMATIQUES niveau III

ESPRESSIONI IDIOMATICHE livello III

Je n'ai pas le temps.
C'est l'heure.
Je n'ai pas de temps à perdre.

Non ho tempo.
È il momento.
Non ho tempo da perdere.

Rechercher.
J'ai cherché mon stylo toute la journée.

Ricerca.
Ho cercato la mia penna tutto il giorno.

Je vais chercher ma mère à la gare, où elle arrive à sept heures.

Vado a prendere mia madre alla stazione, dove arriva alle sette.

Je m'occupe de mon fils et du ménage

Mi occupo di mio figlio e delle faccende domestiche

711

Il ne participe pas à cette conférence.

Non partecipò a questa conferenza.

712

Fait attention, il est drôlement fûté.

Stai attento, è divertente, intelligente.

713

Il lui a demandé à brûle pourpoint si elle voulait l'épouser.

Le chiese a bruciapelo se voleva sposarlo.

714

Je mange à la fortune du pot.

Mangio con la fortuna della pentola.

Les Volkswagen se vendent comme des petits pains.

Le Volkswagen stanno andando a ruba.

La robe te va comme un gant.

Il vestito ti calza come un guanto

Il a vraiment le béguin pour elle

Ha davvero una cotta per lei

Ça s'arrose !

Sta annaffiando!

Ça c'est le comble du culot !

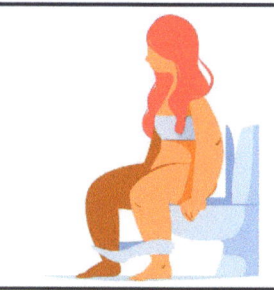

Questo è il massimo dei nervi!

Et bien sûr, c'est encore moi le dindon de la farce, Il va avoir de mes nouvelles

E naturalmente, sono ancora il tacchino nello scherzo, lui mi sentirà

L'envoi se compose de trois paquets.

La spedizione è composta da tre pacchi.

J'organise un cocktail vendredi. Je compte sur vous.

Sto organizzando un cocktail party per venerdì. Conto su di te.

Depuis que sa femme l'a quitté, il file un mauvais coton

Da quando sua moglie lo ha lasciato, sta filando un cotone cattivo

---

Il boit comme un trou

Beve come un pesce

Que vous le croyez ou non

Che ci crediate o no

Il doit avoir le bras long pour avoir obtenu le telephone en deux semaines

Deve avere un braccio lungo per aver ricevuto il telefono in due settimane

Il se plaint du prix élevé de l'essence.

Si lamenta dell'alto prezzo della benzina.

C'est clair comme de l'eau de roche

E' chiaro come l'acqua di roccia

A la maison, il tire toujours la couverture à lui

A casa, si toglie sempre il tappeto da sotto i piedi

J'aime avoir affaire à des gens qui jouent carte sur table

Mi piace avere a che fare con persone che mettono le carte in tavola

---

Dès qu'il aura passé l'arme à gauche, ils encaisseront l'héritage

Non appena passerà la pistola a sinistra, incasseranno l'eredità

Ne coupez pas les cheveux en quatre !

Non spaccare il capello in due!

Nous allons ensemble contre vents et marées

Andiamo insieme contro ogni previsione

Ne raccrochez pas s'il vous plaît.

Per favore, non riattaccare.

On demande Mr Müller au guichet numéro sept

Chiediamo del signor Müller allo sportello numero sette

M. Müller est recherché par la police

Il signor Müller è ricercato dalla polizia

Elle m'a laissé tomber

Mi ha deluso

Un instant, je vais y réfléchir

Per un attimo, ci penserò

En allemagne, les femmes ne portent que rarement la culotte

In Germania, le donne indossano raramente le mutandine

Avec ça, il n'a fait que jeter de l'huile sur le feu

Con ciò, ha solo gettato olio sul fuoco

Ce n'est pas la peine d'essayer avec elle. Elle connaît la musique

Non vale la pena provare con lei. Lei conosce la musica

En amour, comme à la guerre, tous les coups sont permis

Tutto è lecito in amore e in guerra

743

Il fait ses études à l'école des Beaux-Arts

Ha studiato alla Scuola di Belle Arti

744

Il se souviens très bien en son enfance

Ricorda molto bene la sua infanzia

745

Attendez une minute, j'ai le mot sur le bout de la langue

Aspetta un attimo, ho la parola sulla punta della lingua

746

J'étais désespéré, et cette nouvelle m'a donné le coup de grâce

Ero disperato, e questa notizia mi diede il colpo di grazia

On ne peut pas tout avoir, il y a une limite à tout.

Non si può avere tutto, c'è un limite a tutto.

Il a laissé entendre qu'il prendrait bientôt sa retraite

Ha lasciato intendere che andrà presto in pensione

Cela te remonte le moral

Ti tira su il morale

Ne vous faites pas de mauvais sang

Non preoccuparti

751

A voir votre tête, j'en déduis que votre voyage, n'a pas été agréable.

Dallo sguardo sul tuo viso, deduco che il tuo viaggio non è stato piacevole.

752

Il n'est pas bien élevé, il boit toujours sa bière à la bouteille.

Non si comporta bene, beve sempre la sua birra dalla bottiglia.

753

Depuis que sa femme est malade, il broie du noir.

Da quando sua moglie è malata, ha continuato a rimuginare.

754

Elle a piqué une crise quand il le lui a dit

Ha avuto un attacco di rabbia quando lui glielo ha detto

C'est là que le bât blesse

E' qui che il bastone fa male.

Je suis triste d'avoir un mauvais bulletin.

Sono triste di avere una brutta pagella.

Pierre se moque de sa sœur parce qu'elle porte une minijupe

Peter prende in giro sua sorella perché indossa una minigonna

Il ne faut pas remettre au lendemain ce qu'on peut faire le jour même.

Non dobbiamo rimandare a domani ciò che possiamo fare il giorno stesso.

Si vous lui graisser la patte, il s'en chargera sûrement.

Se gli ungi la zampa, probabilmente se ne prenderà cura.

Qui se ressemble s'assemble

Gli uccelli di una piuma si radunano insieme

Dis-moi qui tu fréquentes, et je te dirai qui tu es.

Dimmi con chi esci e ti dirò chi sei

Œil pour œil, dent pour dent

Occhio per occhio, dente per dente

C'est facile comme bonjour, ce n'est pas sorcier.

È facile come una torta, non è scienza missilistica.

Ah, c'est apprendre ou à laisser.

Ah, è imparare o lasciare.

Il m'a suivi toute la journée, et c'est seulement dans le grand magasin que j'ai pu lui fausser compagnie.

Mi ha seguito tutto il giorno, ed è stato solo nel grande magazzino che sono riuscito a fargli compagnia.

C'est une oie blanche, elle n'a aucune idée de ce qu'elle fait

È un'oca bianca, non ha idea di cosa stia facendo

Ne remets jamais au lendemain ce que tu peux faire le jour même.

Non rimandare a domani quello che puoi fare oggi.

C'était ennuyeux comme tout mais j'ai bu la coupe jusqu'à la lie

Era noioso da morire, ma ho bevuto la tazza fino alla feccia

La voiture est entrée en collision avec un camion anglais.

L'auto si è scontrata con un camion inglese.

Touchons du bois et que tout se passe bien.

Bussiamo al legno e lasciamo che tutto vada bene.

Tu sais bien que le dimanche papa fait la grâce matinée?

Sapete che la domenica papà fa la grazia mattutina?

Nous sommes logés à la même enseigne.

Siamo sulla stessa barca.

Dans cet accident, il en a été quitte pour la peur.

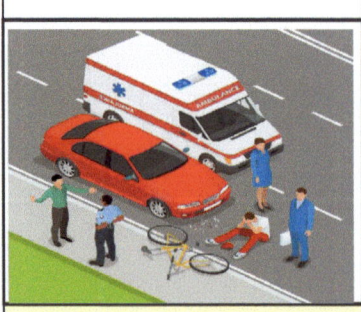

In questo incidente, è rimasto con la paura.

Joindre l'utile à l'agréable

Unire l'utile al dilettevole

Ouf !, vous m'avez ôté un grand poids.

Uff!, mi hai tolto un grande peso.

Tels sont les faits. À vous juger.

Questi sono i fatti. Per giudicarti.

Il est complètement dingue, il a une case en moins.

È completamente pazzo, è una scatola in meno.

Ne te laisse pas impressionner, il monte comme une soupe au lait.

Non lasciatevi impressionare, lievita come una zuppa di latte.

Il a laissé tomber sa femme et maintenant il habite chez sa petite amie.

Ha abbandonato la moglie e ora vive con la sua ragazza.

Oh !, il a dû se lever du pied gauche !

Oh, deve essersi alzato con il piede sinistro !

Il a été licencié sans autre forme de procès.

È stato licenziato senza ulteriori indugi.

Arrêtez vos salades, personne ne vous croira.

Smetti di mangiare le tue insalate, nessuno ti crederà.

On connait ça, c'est un vieux truc.

Lo sappiamo, è una cosa vecchia.

Il se dispute à propos de l'héritage de leur père.

Discute sull'eredità del padre.

Les hommes disent toujours que les femmes changent d'avis dix fois par jour.

Gli uomini dicono sempre che le donne cambiano idea dieci volte al giorno.

Il n'est pas question de les inviter ensemble

Non si tratta di invitarli insieme

En la jugeant, tu devrais tenir compte du fait, qu'elle a eu peu de possibilité dans sa vie

Nel giudicarla, dovresti tenere conto del fatto che ha avuto poche opportunità nella sua vita

Je n'ai pas pu m'empêcher de rire

Non ho potuto fare a meno di ridere

Les jumeaux se ressemblent comme deux gouttes d'eau.

I gemelli sembrano proprio due gocce d'acqua.

La nouvelle s'est répandue comme une traînée de poudre.

La notizia si è diffusa a macchia d'olio.

Il y a des gens qui se mettent en colère sans raison

Ci sono persone che si arrabbiano senza motivo

Envoyez-moi un mot pour que je sache que vous êtes bien arrivé.

Mandami un biglietto in modo che io sappia che sei arrivato sano e salvo.

Si le patron l'apprend, c'est la fin des haricots, les carottes sont cuites.

Se il capo lo scopre, è la fine dei fagioli, le carote sono cotte.

Elle n'est pas très bien, il vaut mieux la laisser tranquille

Non sta molto bene, è meglio lasciarla in pace

795

Dites-moi ce qu'il y a, ne tournez pas autour du pot.

Dimmi qual è il problema, non menare il can per l'aia.

796

Tout était merveilleux jusqu'à ce que je fasse une gaffe avec cette remarque idiote

Tutto è stato meraviglioso fino a quando non ho commesso un errore grossolano con questa sciocca osservazione

797

Je suis d'accord avec cette proposition.

Sono d'accordo con questa proposta.

798

C'est un fan du football, il en est fou.

È un tifoso di calcio, ne va pazzo.

En cas de panique, il est de première importance de garder son sang-froid.

In caso di panico, è della massima importanza mantenere la calma.

Chaque soir il fait une petite promenade, pour se dégourdir les jambes

Ogni sera fa una breve passeggiata, per sgranchirsi le gambe

Il n'a vraiment pas de chance.

È davvero sfortunato.

Elle met la charrue avant les bœufs.

Mette il carro davanti ai buoi.

Il s'est sûrement passé quelque chose, sinon il serait déjà arrivé.

Sicuramente è successo qualcosa, altrimenti sarebbe già successo.

Cette Histoire d'amour va mal se terminer

Questa storia d'amore finirà male

L'avocat a pu persuader les jurés de l'innocence de son client.

L'avvocato è riuscito a convincere i giurati dell'innocenza del suo cliente.

Il est tellement obsédé par les femmes, qu'il n'a jamais pu les traiter en partenaire dans les affaires.

È così ossessionato dalle donne che non è mai stato in grado di trattarle come partner negli affari.

807

Il se croyait invité mais à la fin ce fût lui qui dû payer la douloureuse.

Pensava di essere stato invitato, ma alla fine è stato lui a dover pagare per il dolore.

808

J'ai gratté mes fonds de tiroirs pour acheter les fleurs

Ho raschiato i miei cassetti per comprare i fiori

809

Vous ne devriez pas mettre tous les œufs dans le même panier.

Non dovresti mettere tutte le uova nello stesso paniere.

810

Cette affiche se voit à tout bout de champ.

Questo poster può essere visto ad ogni angolo.

811

Si tu sais faire ça, je te paie des prunes.

Se sai come farlo, ti pagherò le prugne.

812

Avant de mettre les fleurs dans le vase, il faut que tu le remplisses d'eau.

Prima di mettere i fiori nel vaso, devi riempirlo d'acqua.

813

Ça sent la rose et le lilas

Profuma di rose e lillà

814

Quand le chat n'est pas là, les souris dansent.

Quando il gatto è via, i topi giocheranno.

Même si vous m'apportez une mauvaise nouvelle, dites la moi carrément.

Anche se mi porti cattive notizie, dimmelo senza mezzi termini.

Un malheur ne vient jamais seul.

Quando piove, diluvia.

Ne le croyez pas, il vous fait seulement marcher.

Non credergli, ti fa solo camminare.

Être pris entre deux feux.

Essere presi nel fuoco incrociato.

Je voulais garder le secret de l'affaire, mais un collaborateur a vendu la mèche.

Volevo mantenere la questione segreta, ma un dipendente ha vuotato il sacco.

Elle avait toujours pensé qu'il était célibataire, il l'a vraiment mené en bateau.

Aveva sempre pensato che fosse single, l'aveva davvero portata a fare un giro.

Regarder ou l'on met les pieds, voir quelle tournure prend l'affaire.

Per guardare dove metti i piedi, per vedere come sta andando il caso.

Rome ne fût pas bâti en un jour

Roma non è stata costruita in un giorno

Chercher une aiguille dans une botte de foin.

Cercare un ago in un pagliaio.

La critique a complètement réduit la pièce en miette

I critici ridussero completamente l'opera in mille pezzi

Je ne peux pas prendre cette décision à mon compte.

Non posso prendere questa decisione da solo.

Vous ne vous en sortirez pas sain et sauf.

Non ne uscirai sano e salvo

Il en est réduit à ce travail complémentaire.

Si riduce a questo lavoro complementare.

Les deux sociétés étaient pour ainsi dire d'accord sur le contrat, quand l'une d'elle a tout à coup fait machine arrière

Le due società erano praticamente d'accordo sul contratto, quando una di esse ha improvvisamente fatto marcia indietro

---

A pâques ou à la trinité, quand les poules auront des dents.

A Pasqua o alla Trinità, quando le galline avranno i denti.

Aux innocents les mains pleines.

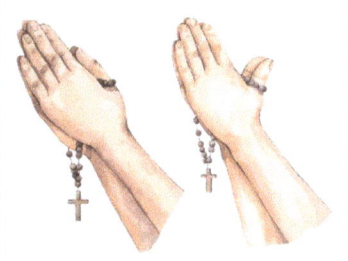

Fortuna del principiante.

Le médecin m'a défendu de fumer.

Il dottore mi proibì di fumare.

Je suis enthousiasmé par ma nouvelle voiture

Sono entusiasta della mia nuova auto

J'ai fait équiper ma voiture de phares antibrouillard.

Avevo la mia auto dotata di fendinebbia.

Être sur des charbons ardents.

Essere sui carboni ardenti.

Ce n'est pas du tout pour cette raison, vous faites fausse route.

Non è affatto per questo motivo, sei sulla strada sbagliata.

C'est son plus beau vase, il y tient comme à la prunelle de ses yeux.

È il suo vaso più bello, lo tiene stretto come se fosse la pupilla dei suoi occhi.

Ça n'a ni queue ni tête, ça ne tient pas debout.

Non ha né testa né coda, non sta in piedi.

Par chance, Guillaume m'a mis au courant de cet incident.

Fortunatamente, Guillaume mi ha informato di questo incidente.

Il a le chic pour prendre les gens à rebrousse-poil

Ha un talento per cogliere le persone di sorpresa

Si vous voulez mon avis, il faut battre le fer tant qu'il est chaud.

Se me lo chiedi, devi battere il ferro finché è caldo.

Quoi qu'il en soit, je ne veux plus la revoir.

Comunque, non voglio vederla di nuovo

Ici encore le juste milieu est la meilleure solution. Ni trop long, ni trop court.

Anche in questo caso, la via di mezzo è la soluzione migliore. Non troppo lungo, non troppo corto.

Vous ne pouvez pas résoudre ce problème, c'est la quadrature du cercle.

Non puoi risolvere questo problema, è la quadratura del cerchio.

Sa réponse cinglante lui a bel et bien rabattu le caquet.

La sua risposta graffiante lo ha davvero messo al tappeto.

Elle a la chance de son côté.

Ha la fortuna dalla sua parte.

Ce n'est pas si grave que ça, vous en faites une montagne.

Non è poi così male, ne fai una montagna.

Chapeau ! Il se défend vraiment partout comme un chef.

Cappello! Si difende davvero ovunque come un leader.

Après l'examen, on va faire les quatre cents coups.

Dopo l'esame, faremo le quattrocento mosse.

Aujourd'hui, nous commençons la première leçon.

Oggi iniziamo la prima lezione.

Il s'est informé auprès du syndicat d'initiative, des Curiosités de la ville.

Si è informato presso l'ufficio del turismo, le Curiosità della città.

Elle l'a bien promis. Reste à voir si elle tiendra sa promesse.

Lei lo ha promesso. Resta da vedere se manterrà la sua promessa.

Assez perdu de temps, maintenant il faut donner un coup de collier.

Abbastanza tempo sprecato, ora dobbiamo provarci.

Réflexion faite, il s'est enfin décidé.

Dopo averci pensato, finalmente prese una decisione.

C'est un hypocrite. Il se montre rarement sous son vrai jour.

È un ipocrita. Raramente si mostra nella sua vera luce.

Les enfants ont toujours peur du méchant Loup.

I bambini hanno sempre paura del lupo malvagio.

Il travaille à son prochain livre.

Sta lavorando al suo prossimo libro.

Il ne voulait pas le dire, mais cela lui a échappé.

Non voleva dirlo, ma gli sfuggì.

Je ne peux pas encore vous donner une réponse définitive, laissez-moi y réfléchir, la nuit porte conseil.

Non posso ancora darti una risposta definitiva, fammi pensare, la notte porta consigli

Quand il m'a donné des réponses évasives, j'ai flairé quelque chose de louche.

Quando mi dava risposte evasive, fiutavo qualcosa di sospetto.

Ne réveillez pas le chat qui dort.

Non svegliare il gatto che dorme

Appelez un chat un chat, les choses par leur nom.

Chiamate le cose con il loro nome.

Vous ne pouvez rien faire, les jeux sont faits.

Non puoi fare nulla, il gioco è finito.

Excusez-moi, mais votre nom, m'est sorti de la tête.

Mi scusi, ma il suo nome è uscito dalla mia testa.

Pas d'échappatoire, venez-en au fait.

Non c'è scampo, veniamo al punto.

Loin, au diable Vauvert.

Lontano, all'inferno con Vauvert.

Toute la journée, Jean a attendu sa petite amie, mais elle lui a posé un lapin.

Per tutto il giorno, Jean ha aspettato la sua ragazza, ma lei gli ha messo un coniglio addosso.

Bien qu'il ne soit pas très riche, il renonce à sa part d'héritage.

Sebbene non fosse molto ricco, rinunciò alla sua parte di eredità.

J'ai beau lui avoir dit non dix fois, il n'en démord pas.

Potrei avergli detto di no dieci volte, ma lui non si arrende.

Je suis persuadé qu'il l'a dit sans arrière pensée.

Sono convinto che l'abbia detto senza pensarci due volte.

Mon fils est un fin gourmet, il adore les choses sucrées.

Mio figlio è un buongustaio, ama le cose dolci.

C'est tout ce que je peux vous dire, tirez-en vos propres conclusions.

Questo è tutto ciò che posso dirvi, traete le vostre conclusioni.

Le gang travaillait dans le quartier avec succès depuis des années, quand les flics sont arrivés et ont tout flanqué par terre

La banda lavorava con successo nel quartiere da anni, quando sono arrivati i poliziotti e hanno buttato tutto a terra

Il s'en est sorti de justesse.

Riuscì a sfuggire per un pelo.

Continuez à chercher vous brûlez.

Continua a cercare la tua bruciatura.

Après le divorce, il ne s'est pas soucié de ses enfants.

Dopo il divorzio, non gli importava più dei suoi figli.

Quand j'aurai soixante cinq ans, je cesserai le travail.

Quando avrò sessantacinque anni, smetterò di lavorare.

Je vous paris à dix contre un, qu'il n'écrira pas.

Scommetto dieci a uno, che non scriverà.

Je pourrais me mordre la langue de le lui avoir dit.

Potrei mordermi la lingua per averglielo detto.

Elle parle tout le temps et empêche tout le monde de placer un mot.

Parla tutto il tempo e impedisce a tutti di dire una parola.

Tu peux faire ton deuil de ce voyage.

Puoi piangere questo viaggio.

Il tient la bride serrée à tous ses employés.

Tiene le redini strette su tutti i suoi dipendenti.

Ils ont travaillé tous les trois à qui mieux mieux.

I tre lavorarono insieme

Il a été pris par l'émotion.

Era sopraffatto dall'emozione.

La querelle avec sa fiancée se termina par une réconciliation.

La lite con la fidanzata si concluse con una riconciliazione.

Sous le soleil du désert Il aspire à boire de l'eau.

Sotto il sole del deserto Desidera bere acqua.

La négociation dure depuis deux semaines déjà mais maintenant on en voit la fin

I negoziati sono in corso già da due settimane, ma ora possiamo vedere la fine

N'en soufflez pas un mot quand vous la verrez.

Non dire una parola su di esso quando lo vedi.

Vous m'enlevez le mot de la bouche, c'est exactement ce que je voulais dire.

Tu togli la parola dalla mia bocca, è esattamente quello che intendevo.

La pauvre, elle est tombée de charybde en Scylla avec son deuxième mariage

Poverina, cadde da Cariddi a Scilla con il suo secondo matrimonio

Elle a suée sang et eau avant son examen.

Ha sudato sangue e acqua prima dell'esame.

Un journaliste connu écrit sur les évènements du Proche-Orient.

Un noto giornalista scrive di eventi in Medio Oriente.

Elle a sollicité une nouvelle place.

Ha chiesto un nuovo posto.

Il travaille toute la journée sans trêve ni repos

Lavora tutto il giorno senza riposo o pausa

Ça me semble bon, mais j'y regarderais à deux fois.

Suona bene per me, ma ci penserei due volte.

Si j'ai bonne mémoire, il viendra demain.

Se ricordo bene, verrà domani.

Le programme de ce voyage a l'air très intéressant, si vous avez les moyens.

Il programma di questo viaggio sembra molto interessante, se ne avete i mezzi.

Il n'y aura pas d'autres solutions pour vous, que de vous armez de patience.

Non ci sarà altra soluzione per te che armarti di pazienza.

Il est enfin entré dans ses frais.

Ha finalmente recuperato le sue spese.

Je l'ai vu de mes propres yeux

L'ho visto con i miei occhi

Ne faites pas à autrui ce que vous ne voudriez pas qu'on vous fasse.

Non fare agli altri ciò che non vorresti fosse fatto a te

Crédule comme il est, il a gobé tout ce que l'orateur a dit.

Credulone com'è, ha ingoiato tutto ciò che l'oratore ha detto.

Ne vous en faites pas, c'est en bonne voie.

Non preoccuparti, è sulla strada giusta.

Je ne vais même pas à la campagne, et à plus forte raison à l'étranger.

Non vado nemmeno in campagna, figuriamoci all'estero.

Sa banque est très contente de lui, c'est l'homme qu'il faut à la place qu'il faut.

La sua banca è molto contenta di lui, è l'uomo giusto al posto giusto.

Il nous a eu avec le contrat, mais nous l'aurons à notre tour.

Ci ha preso il contratto, ma noi lo otterremo a nostra volta.

Ils ont enfin fait table rase, et se sont réconciliés.

Hanno finalmente fatto tabula rasa e si sono riconciliati.

Le bébé étend les mains en direction des boules muticolores de l'arbre de Noël.

Il bambino allunga le mani verso le palline multicolori dell'albero di Natale.

Théoriquement je suis la patronne, mais en réalité je suis la bonne à tout faire.

Teoricamente sono il capo, ma in realtà sono la cameriera in tutto.

Je parie ma chemise que c'est faux.

Scommetto che è sbagliato.

Vous feriez mieux d'arrêter de boire, si vous voulez conduire.

Faresti meglio a smettere di bere, se vuoi guidare.

911

Abandonnez, vous vous battez contre des moulins à vent

Arrenditi, stai combattendo contro i mulini a vento

912

Le patron se mouille pour elle, j'espère qu'il n'aura pas à payer les pots cassés.

Il capo si sta bagnando per lei, spero che non debba pagare per il danno.

913

En Amérique, tout est possible.

In America tutto è possibile.

914

Il a vingt cinq ans bien sonnés, et il vit encore au crochet de ses parents.

Ha venticinque anni e vive ancora alle strette dei suoi genitori.

Greta dit toujours du mal de ses voisins.

Greta dice sempre cose cattive sui suoi vicini.

Cette année, nous sommes invités à la fête de la bière. Il l'a invité à danser.

Quest'anno siamo invitati all'Oktoberfest. La invitò a ballare.

En Allemagne, on peut acheter ce modèle depuis longtemps déjà, dans d'autres pays il ne sortira que l'année prochaine.

In Germania, puoi acquistare questo modello da molto tempo ormai, in altri paesi verrà rilasciato solo il prossimo anno.

Le policier l'a cuisiné, mais il n'a rien dit.

Il poliziotto lo ha cucinato, ma non ha detto nulla.

Il a encore oublié son parapluie, il est toujours dans la lune.

Ha dimenticato di nuovo il suo ombrello, è ancora sulla luna.

Elle n'est pas seulement très vive, mais elle a aussi la réplique facile.

Non solo è molto vivace, ma ha anche una risposta facile.

Dans les voyages dans l'espace, les Américains ont surclassé les Russes.

Nei viaggi spaziali, gli americani hanno surclassato i russi.

Il est très efficace et se donne beaucoup de mal.

È molto efficiente e fa di tutto.

923

La police criminelle contraint le truand à un aveux.

La polizia criminale costringe il mafioso a confessare.

924

Avant le déménagement, il ne pensait pas qu'il pourrait s'habituer à leur nouvelle maison.

Prima del trasloco, non pensava che sarebbe stato in grado di abituarsi alla loro nuova casa.

925

Voyez un peu comme il passe de la pommade à sans tante à héritage.

Guarda come passa dall'unguento all'assenza di zie al cimelio.

926

Je lui ai rendu son argent et maintenant nous sommes quittes.

Gli ho restituito i suoi soldi e ora siamo chiari.

Il va malheureusement falloir que nous remettions notre rendez vous un autre jour car je n'ai pas le temps aujourd'hui.

Purtroppo dovremo rimandare il nostro appuntamento ad un altro giorno perché oggi non ho tempo.

Espérons qu'ils ne devront pas fermer le magasin, après tout, c'est leur seul gagne-pain.

Speriamo che non debbano chiudere il negozio, dopotutto, è il loro unico sostentamento.

L'avocat a pu convaincre le jury de l'innocence de son client, alors qu'il était coupable

L'avvocato è stato in grado di convincere la giuria dell'innocenza del suo cliente, anche se era colpevole

C'est donné, l'avoir pour une bouchée de pain.

È un dato di fatto, averlo per una miseria.

931

Quand il s'agit de payer ses dettes, il se fait prier.

Quando si tratta di pagare i suoi debiti, viene implorato.

932

Ce n'est pas son genre de faire une réponse pareille.

Non è nel suo stile dare una risposta del genere

933

Voilà le téléphone qui sonne encore, c'est à devenir fou.

Ecco il telefono che squilla di nuovo, è per farti impazzire.

934

Je boirai bien un petit verre.

Bevo qualcosa.

Notre projet est malheureusement tombé à l'eau

Purtroppo, il nostro progetto è fallito

Depuis qu'il a épousé la fille de son patron, il est comme un coq en pâte.

Da quando ha sposato la figlia del suo capo, è stato come un gallo in pasta.

Ne soyez pas jalouse de Greta, pour Hans il ne s'agit que d'une passade.

Non siate gelosi di Greta, per Hans è solo un momento passeggero.

J'ai du flair pour des choses pareilles.

Ho un talento per cose del genere.

Bien qu'il soit ingénieur diplômé, il ne lui arrive pas à la cheville.

Sebbene sia un ingegnere laureato, non può competere con lui.

Son histoire est cousue de fil blanc.

La sua storia è cucita insieme.

Ce n'est sûrement pas lui qui l'a fait. J'en mettrez ma main au feu.

Di certo non l'ha fatto. Metterò la mia mano nel fuoco.

Sa pauvre secrétaire, il lui en fait voir de toutes les couleurs.

La sua povera segretaria, le fa vedere tutti i colori.

Ne comptez pas sur lui si vous êtes dans la Panade.

Non contare su di lui se sei nella Panade

Ne vous en faites pas, ça ne peut pas demeurer impuni. Tout se paie.

Non preoccupatevi, non può rimanere impunito. Tutto deve essere pagato.

Nous devons aller au fond de cette affaire.

Dobbiamo andare a fondo della questione.

1000 MOTS LES PLUS FREQUENTS

1000 PAROLE PIÙ COMUNI

En fait, il faut pouvoir accepter de traverser la rivière. Il faut avouer que cette activité est à ajouter l'après-midi, sans avoir peur après un certain âge et au-dessus, et encore, contre votre volonté. Ah, vous n'êtes pas d'accord ! alors en avant toute !

In effetti, devi essere in grado di accettare di attraversare il fiume. Bisogna ammettere che questa attività è da aggiungere nel pomeriggio, senza avere paura dopo una certa età e oltre, e anche allora, contro la tua volontà. Ah, non sei d'accordo! Quindi andiamo avanti a tutto vapore!

Devant elle, dans les airs, tous pouvaient se permettre aussi, et presque seul tout le long du chemin, d'être en colère. Déjà d'accord aussi, bien que toujours étonné, la colère se voyait, sans ennuyer un autre que lui, et pour se permettre de répondre à n'importe qui, de faire n'importe quoi dans l'appartement

Di fronte a lei, in aria, tutti potevano permettersi di essere arrabbiati, e quasi soli per tutto il tragitto. Già d'accordo, anche se ancora sorpreso, si vedeva la rabbia, senza infastidire nessuno se non se stesso, e di permettersi di rispondere a chiunque, di fare qualsiasi cosa nell'appartamento

---

Apparemment, il fait apparaître une zone en approche près du bras, ou autour, et il en arrive, comme toujours, à se demander s'il est endormi ou non. Alors il se met à attaquer, juste pour tenter l'attention de l'avocat, pour ma tante, qui évite de loin, un nouveau procès.

A quanto pare, fa apparire un'area vicino o intorno al braccio, e arriva a chiedersi, come sempre, se sta dormendo o meno. Così inizia ad attaccare, giusto per attirare l'attenzione dell'avvocato, per mia zia, che evita di gran lunga un nuovo processo.

Avec un bébé dans le dos dans un mauvais sac, la caution de la bande venait du bar. A peine si on se bat dans la salle de bain. Il est devenu beau, parce que le lit de la chambre avait été comme avant de commencer. Derrière la cloche, à croire que c'est à côté de lui, il fut assailli au mieux, en plus.

Con un bambino sulla schiena in una borsa cattiva, la cauzione della banda è arrivata dal bar. Difficilmente se litighiamo in bagno. Divenne bello, perché il letto nella stanza era rimasto com'era prima di iniziare. Dietro il campanello, come se fosse accanto a lui, veniva aggredito nel migliore dei casi, per di più.

Les gros chiens noirs mordent sans cligner des yeux, et nous bloque le sang bleu qui rougit sur le corps. C'est ce livre qui nous ennuie tous les deux et nous dérange un peu. Il parle de la bouteille cassée dans le fond de la boîte et du garçon sans cerveau qui devient notre petit ami, et se pause dans un souffle entre ciel et terre sans déranger.

I grossi cani neri mordono senza battere ciglio, e bloccano il sangue blu che si arrossa sul corpo. È questo libro che ci infastidisce entrambi e ci infastidisce un po'. Parla della bottiglia rotta in fondo alla scatola e del ragazzo senza cervello che diventa il nostro fidanzato, e si ferma in un respiro tra cielo e terra senza disturbare

---

Le petit déjeuner permet de respirer, qu'on soit brillant ou fauché. Le frère brun a apporté une entreprise pour construire des bus. Mais Il faut les acheter, car ceux-ci brûlent ou éclatent. Ils sont apportés occupés, et on doit les brosser.

La colazione ti permette di respirare, che tu sia brillante o al verde. Il fratello Brown portò un'azienda a costruire autobus. Ma devi comprarli, perché bruciano o scoppiano. Vengono portati occupati e devono essere spazzolati.

L'appel au calme est venu. On peut voir la voiture sur la carte. Le chat est attrapé par les enfants ou attrape les souris soigneusement. Il chasse et joue au cas par cas, vérifie que l'enfant porte la chaise sur la poitrine selon le cas, cause ou glousse dans la classe, dans la cellule ou en ville. Il doit changer, nettoyer, monter ou fermer les volets, c'est clair.

L'appello alla calma è arrivato. Puoi vedere l'auto sulla mappa. Il gatto viene catturato dai bambini o cattura i topi con cura. Caccia e gioca caso per caso, controlla che il bambino porti la sedia sul petto a seconda dei casi, provoca o ridacchia in classe, in cella o in città. Deve cambiare, pulire, montare o chiudere le persiane, questo è chiaro.

L'université fournit des vêtements, du café s'il fait froid. La couleur qui vient est commentée par un ordinateur qui contrôle tout. Toutes les conversations des couples confus qui pleurent et craquent sont considérées comme cool.

L'università fornisce vestiti, caffè se fa freddo. Il colore che arriva è commentato da un computer che controlla tutto. Tutte le conversazioni di coppie confuse che piangono e crollano sono considerate cool.

955

La foule se soucie rarement de couvrir complétement le fou dont la coupe pourrait traverser les coins d'un canapé. Il est mignon de continuer contre le cours complet des choses

La folla raramente si preoccupa di coprire completamente lo sciocco il cu taglio potrebbe passare attraverso gli angoli di un divano. È carino andare avanti contro l'intero corso delle cose

956

En commentaire, la préoccupation complète, considère que le compteur de la couverture couvre une fissure. C'est une croix dans la tasse

Nel commento, l'intera preoccupazione, considera che il bancone del tetto copre una crepa. È una croce nella coppa

957

Papa condamne la danse sombre de la fille morte. Elle traite la mort qui lui est chère, et décide au plus profond d'elle-même que définitivement, le bureau fait mourir.

Papà condanna la danza oscura della ragazza morta. Affronta la morte che le è cara, e decide nel profondo del suo cuore che, definitivamente, l'ufficio causa la morte.

958

C'est différent de dîner dans cette direction, et disparaître, pour faire soit comme un docteur, soit comme un chien, sans aucun doute vers le bas. On traîne, dessine, rêve, s'habille, boit, conduit, et laisse tomber, ou sécher, pendant un instant.

È diverso dal cenare in quella direzione, e scomparire, per fare come un medico o come un cane, senza dubbio giù. Usciamo, disegniamo, sogniamo, ci vestiamo, beviamo, guidiamo e ci lasciamo andare, o ci asciughiamo, per un momento.

Chacun dresse l'oreille assez tôt, facilement. Il est facile de manger au bord de la table sinon dans le vide. La fin qui échappe en entier, même le soir, c'est apprécier assez, sans entrer, et surtout, éventuellement, jamais s'exciter.

Tutti si alzano le orecchie abbastanza presto, facilmente. È facile mangiare sul bordo del tavolo se non nel vuoto. Il fine che sfugge del tutto, anche di sera, è quello di divertirsi a sufficienza, senza entrare, e soprattutto, alla fine, di non emozionarsi mai.

C'est s'exclamer sans s'excuser comme tout le monde. Tout expliquer chaque fois sans attendre exactement une expression de l' œil, excepté peut-être un sourcil.

È esclamare senza scusarsi come tutti gli altri. Spiega tutto ogni volta senza aspettare un'espressione esatta dall'occhio, tranne forse un sopracciglio.

Le fait que le visage soit tombé pas loin, n'est pas la faute du père. Il a quelques craintes, mais il est rapide avec ses pieds favoris qui sentent les champs. Son ressenti est un peu comme combattre une figure de feutre, sans se tromper

Il fatto che il viso sia caduto non lontano non è colpa del padre. Ha qualche paura, ma è veloce con i suoi piedi preferiti che profumano di campi. La sua sensazione è un po' come combattere una figura di feltro, senza commettere errori

Enfin trouver un bien à prendre avec les cinq doigts en forme de crochet. Puis, d'abord retourner le sol à remplir de nourriture, fixer le flash et se concentrer sur la mouche en feu à suivre. Bon ajustement

Infine trova un buono da prendere con le cinque dita a forma di gancio. Quindi, prima capovolgi il terreno per riempirlo di cibo, fissa il flash e concentrati sulla mosca in fiamme per seguire. Buona vestibilità

Trouver la force du pied pour oublier la forme, mise en avant par quatre amis libres de faire face plus loin et de froncer les sourcils pleins d'amusement, et drôle aussi. A vendre de face.

Trovare la forza del piede per dimenticare la forma, proposta da quattro amiche libere di affrontare più lontano e aggrottare le sopracciglia piene di divertimento, e anche divertenti. In vendita frontalmente.

Ce jeu a donné des halètements, qui regarde doucement, et obtient de pouffer de rire entre filles. La petite amie donne un verre, contente de regarder avec éblouissement ce qui va vers Dieu.

Questo gioco ha dato sussulti, chi guarda dolcemente, e arriva a ridacchiare con le risate tra le ragazze. La ragazza dà da bere, felice di guardare con stupore ciò che sta andando a Dio.

Le grand héros va bien. Il attrape des super souris vertes ou grises, qui sont tout sourire pour une poignée de main. Elles gémissent au sol et quand leur groupe grandi, elle se garde bien de deviner si le gars s'est saisi d'un pistolet . C'est un garde certainement.

Il grande eroe sta bene. Cattura topi super verdi o grigi, che sono tutti sorrisi per una stretta di mano. Gemono a terra e quando il loro gruppo cresce, lei sta attenta a non indovinare se il ragazzo ha afferrato una pistola. È sicuramente una guardia.

La moitié des cheveux est tenue dans les mains par poignée. Dans le hall ou dans le couloir, il arrive de se pendre, la tête dure et heureuse d'entendre le cœur lourd tenu par la haine que j'ai entendu.

Metà dei capelli è tenuta nelle mani da una maniglia. Nell'atrio o nel corridoio, a volte si impicca, la testa dura e felice di sentire il cuore pesante dell'odio che ho sentito.

C'est l'enfer et elle est ici. Bonjour, aidez-moi, se dit-elle à elle-même. Hé, salut, cachez- moi en haut, comme lui se dit-il à lui-même. Et les sons tiennent et vont frapper à la maison

È l'inferno e lei è qui. Ciao, aiutami, si disse. Ehi, ciao, nascondimi al piano di sopra, come dice a se stesso. E i suoni si mantengono e colpiranno a casa

J'espère que ce cheval se dépêche de se pendre à l'hôpital et qu'il est encore chaud à cette heure. La maison trouve cela énorme cependant d'étreindre un humain sans se blesser. Comment c'est possible, hein ! C'est suspendu à un fil, dépêche-toi !

Spero che questo cavallo si affretti a impiccarsi in ospedale e che a quest'ora abbia ancora caldo. La casa trova comunque enorme abbracciare un essere umano senza farsi male. Com'è possibile, eh! È appeso a un filo, affrettatevi!

Une idée de glace si bien imaginée qu'elle s'ignore immédiatement. A la place, il y a l'intérêt qu'il y a d'interrompre à l'intérieur d'une veste le bruit que fait un jean pour un abruti

Un'Idea di ghiaccio così ben immaginata da essere immediatamente inconsapevole di se stessa. C'è invece l'interesse di interrompere all'interno di una giacca il rumore che fanno i jeans per un idiota

Le travail rejoint la blague et saute juste pour garder la clé du coup de pied. L' enfant tue le genre par un baiser donné dans la cuisine à genou et frappe les esprits sans le savoir

Work si unisce allo scherzo e salta solo per mantenere la chiave del calcio. Il bambino uccide il genere con un bacio dato in cucina in ginocchio e colpisce gli spiriti senza saperlo

La grande Dame dans ses terres n'est pas la dernière en retard. Elle rit de se voir en train de se coucher pour mener à bien cette mission et pour en apprendre le moins possible sur sa position. Au moins, elle se penche en avant et elle part, d'un regard de plomb

La grande signora della sua terra non è l'ultima ad essere in ritardo. Ride nel vedersi sdraiata per portare a termine questa missione e per imparare il meno possibile sulla sua posizione. Almeno si sporge in avanti e se ne va, con uno sguardo plumbeo

La jambe, comme dirigée vers la gauche, se lève pour laisser la lumière écouter sur les lèvres, les lettres s'allongent en ligne droite comme une vie de moins dirigée vers l'ascenseur

La gamba, come diretta a sinistra, si alza per lasciare che la luce ascolti le labbra, le lettere si allungano in linea retta come una vita in meno diretta verso l'ascensore

Perdu le long d'un casier verrouillé et bruyant, je regarde vivre et perdre beaucoup du peu de déjeuner en bas. On entend un bruit fort et faible en même temps.

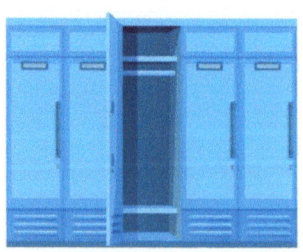

Perso lungo un armadietto chiuso a chiave e rumoroso, guardo dal vivo e perdo gran parte del piccolo pranzo al piano di sotto. Puoi sentire un rumore forte e silenzioso allo stesso tempo.

le fou fait faire à l'homme, la matière qui se gère comme marquer un temps, se marier et se correspondre beaucoup, ce qui signifie peu de chose. C'est peut-être moi qui me suit rencontrer, avec le peu de marque qui a fait la différence. Il se peut.

Lo sciocco fa sì che l'uomo faccia la cosa che può essere gestita come segnare un tempo, sposarsi e corrispondere molto, il che significa poco. Forse sono io che mi seguo per incontrarmi, con i pochi brand che hanno fatto la differenza. Può darsi.

La mémoire des hommes se mentionne dans un milieu qui pourrait être un esprit, le mien. Une minute devant le miroir, mademoiselle et vous êtes déjà maman, par moment, sans argent chaque mois, mais de bonne humeur. Quelle puissance ce moment !

La memoria degli uomini è citata in un ambiente che potrebbe essere uno spirito, il mio. Un minuto davanti allo specchio, tu e Mademoiselle siete già madri, a volte, senza soldi ogni mese, ma di buon umore. Che potenza questo momento!

De plus en plus, le matin la plupart des mères se bouchent les oreilles sans bouger, regardent beaucoup de film de maman qui marmonnent de la musique. Elles doivent murmurer mon nom ou un peu de moi-même en bougeant trop la bouche.

Sempre di più, al mattino la maggior parte delle mamme si copre le orecchie senza muoversi, guarda un sacco di film di mamme borbottando musica. Devono sussurrare il mio nome o un po' di me stesso muovendo troppo la bocca.

Jamais, un hochement de tête n'a été un besoin presque nerveux. C'est nouveau, agréable de nom, et cela suivant une nuit près du cou.

Mai un cenno del capo è stato un bisogno quasi nervoso. È nuovo, piacevole nel nome, e questo dopo una notte vicino al collo.

Aucun bruit normal venant du nez ne se remarque. Maintenant ou pas, des avis sont en nombre. Rien qu'une note cependant.

Non si nota alcun rumore normale dal naso. Ora o no, ci sono molte opinioni. Solo una nota però.

évidemment, on peut mettre en position off l'offre de bureau très souvent et tomber d'accord une seule fois sur un vieux qui ouvre seulement au bon moment ou pas.

Ovviamente, si può mettere l'offerta dell'ufficio in posizione off molto spesso e concordare solo una volta su una vecchia che si apre solo al momento giusto o meno.

Un autre ordre que notre propre douleur est de peindre une paire de pantalon propre en noir, dans du papier pour la fête et passer sans le payer au dehors, et sans l'emballer au-dessus.

Un altro ordine che non sia il nostro dolore è quello di dipingere un paio di pantaloni puliti di nero, di carta per la festa e passarci senza pagarli fuori, e senza avvolgerli sopra.

Indiquer s'il vous plaît la poche ou les personnes parfaites peuvent choisir la photo et indiquer leur téléphone pour avoir peut-être une place dans la pièce et jouer. Tout est à prendre s'il vous plaît.

Si prega di indicare la tasca dove le persone perfette possono scegliere la foto e indicare il proprio telefono per avere eventualmente un posto nella stanza e giocare. Tutto deve essere preso, per favore.

Autant que possible, mettre la puissance, pousser les manettes, résoudre le problème en appuyant pratiquement ou en faisant semblant d'être présent. Probablement, promettre de tirer ou de frapper la machine aussi jolie soit-elle.

Per quanto possibile, metti la potenza, spingi le leve, risolvi il problema praticamente premendo o fingendo di essere presente.
Probabilmente, prometti di sparare o colpire la macchina, non importa quanto sia carina.

---

la pluie sonne tranquillement et plutôt que d'atteindre tout à fait sa course, elle se lève vite comme si elle était prête à lire le réel

La pioggia risuona silenziosa e, invece di fare il suo corso, si alza rapidamente come se fosse pronta a leggere la realtà

Il se souvient vraiment de la relation et se la répète. Il reconnaît tout et se détend tout en réalisant qu'il reste dans le rouge. Enfin il se raisonne et se rappelle les obligations qui subsistent

Ricorda davvero la relazione e la ripete a se stesso. Riconosce tutto e si rilassa rendendosi conto di essere ancora in rosso. Infine, ragiona con se stesso e ricorda gli obblighi che gli rimangono

---

Il répond qu'il se repose et qu'il reviendra chevaucher quand il sentira se frotter à la route. A droite, on aperçoit la chambre. Il court en rond, et sonne sans se précipiter

Lui risponde che si sta riposando e che tornerà a pedalare quando sentirà la strada sfregare contro di essa. Sulla destra, possiamo vedere la camera da letto. Corre in tondo e suona il campanello senza fretta

Il est assis, en sécurité mais triste de s'asseoir en pareille circonstance. L'école cherche un second souffle et semble voir ce qu'il a dit. Se sauver, c'est peu dire. Il est effrayé et crie des mots qu'il envoi sur lui. Dire ce qu'il voit.

È seduto, al sicuro ma triste di sedersi in tali circostanze. La scuola è alla ricerca di un secondo vento e sembra vedere quello che ha detto. Salvarsi è un eufemismo. Ha paura e urla parole che gli manda addosso. Di quello che vede.

987

Plusieurs chemises ont été envoyées sérieusement, pour régler plusieurs ombres, au moins sept. Elles ont un sens décalé qui fixe les idées de merde afin de les partager. Elle secoue le changement

Diverse camicie sono state inviate seriamente, per impostare diverse ombre, almeno sette. Hanno un significato insolito che fissa idee di merda per condividerle. Scuote il cambiamento

988

Le malade hausse les épaules et entre dans la boutique de chaussures. Un choc le secoue et il crie. C'est un tir sur l'épaule. Il a la respiration courte, ferme la plaie et pousse jusque dans la douche Il devrait se montrer fort d'un certain côté. Il est malade et se ferme.

Il paziente alza le spalle ed entra nel negozio di scarpe. Una scossa lo scuote e lui urla. È un colpo sulla spalla. Ha il respiro corto, chiude la ferita e si spinge sotto la doccia Dovrebbe essere forte in qualche modo. È malato e si spegne.

989

Dans un soupir presque silencieux, un monsieur célibataire et sa sœur se font un signe et s'assoie à la vue de tout le monde tout simplement. Sous le ciel bleu, légèrement, on entend depuis, glisser sur la peau six doigts dont la situation n'est pas de dormir mais plutôt de claquer

Con un sospiro quasi silenzioso, un signore single e sua sorella si salutano e si siedono semplicemente sotto gli occhi di tutti. Sotto il cielo azzurro, di poco, si sentono sei dita scivolare sulla pelle la cui situazione non è quella di dormire ma piuttosto di schioccare

990

Certains, d'une manière ou d'une autre, quelqu'un ou quelque chose, parfois, avec un sourire ou même un petit sourire satisfait, produit lentement une petite fumée douce sans claquement aucun. Alors, qu'est-ce, sinon un soupir lent qui vient du cœur.

Qualcuno, in qualche modo, qualcuno o qualcosa, a volte, con un sorriso o anche un piccolo sorriso soddisfatto, produce lentamente un po' di fumo morbido senza alcuno schiocco. Allora, cos'è, se non un lento sospiro che viene dal cuore.

Quelque part, se tenant debout dans l'escalier, le fils fait une chanson qui parle d'espace. Le son est désolé. Il parle de dépenser. Il est bientôt localisé par une façon de trier les mots placés debout.

Da qualche parte, in piedi sulle scale, il figlio sta cantando una canzone sullo spazio. Il suono è desolato. Parla di spesa. Viene presto individuato da un modo per ordinare le parole poste in posizione verticale.

Une histoire étrange commence par une étoile qu'il regarde comme une étape, l'estomac en lutte, coincé dans l'étrange. Un magasin dans la rue, et un bâton droit, fort, arrête tout le monde. C'est un état qui reste à venir encore, mais qui se trouvait jadis

Una strana storia inizia con una stella che lui guarda come un palcoscenico, con lo stomaco che lotta, bloccato nello strano. Un negozio in strada, e un bastone dritto e forte, fermano tutti. È uno Stato che deve ancora venire, ma che una volta era

Un étudiant étudie un truc stupide, tel que sucer quelque chose de doux. Soudain il suppose que c'est l'été, avec le soleil bien sûr. Il suggère la surprise à ceux qui l'entoure

Uno studente sta studiando una cosa stupida, come succhiare qualcosa di dolce. All'improvviso presume che sia estate, con il sole ovviamente. Suggerisce sorpresa a chi lo circonda

Dire qu'avec dix dents, il n'a pas versé une larme. Sur une table, il s'est mis à parler comme un grand professeur. Dites-moi, Il faut prendre une équipe, merci,

E pensare che con dieci denti non ha versato una lacrima. Su un tavolo, cominciò a parlare come un grande maestro. Dimmi, dobbiamo prendere una squadra, grazie,

Eux-mêmes pensent que les dés étaient jetés et que cette chose épaisse arrivait troisième. Mais alors qui alors était le second ? Cependant le premier était inconnu. Il jeta le trois et pensa fort

Loro stessi pensano che il dado sia tratto e che questa cosa spessa sia arrivata terza. Ma allora chi era il secondo? Tuttavia, il primo era sconosciuto. Lanciò i tre e pensò ad alta voce

La gorge serrée, il lança sa cravate minuscule à travers le temps et dit à demain. Mais aujourd'hui le pneu aussi changea. Ensemble, ce soir la langue se mis à pendre sur un ton peu orthodoxe. C'est trop.

Con la gola stretta, gettò la sua minuscola cravatta nel tempo e disse a domani. Ma oggi anche la gomma è cambiata. Insieme, stasera, la lingua ha cominciato a pendere in un tono non ortodosso. È troppo.

La piste du lecteur passait à la télé. Des éléphants sur une piste se dirigeait vers la ville, voyage de vérité ou de confiance. Ils cherchaient des arbres pour essayer de tourner l'ennui en dérision, mais du haut de leur train arrière, ils étaient totalement muets, se touchaient, pris du haut de leurs têtes vers leurs rêves mais inquiets

La traccia del lettore era in TV. Gli elefanti su un sentiero si stavano dirigendo verso la città, un viaggio di verità o fiducia. Cercavano alberi per cercare di prendere in giro la noia, ma dall'alto dei loro quarti posteriori, erano totalmente muti, si toccavano, presi dalla sommità della testa verso i loro sogni ma preoccupati

En haut, mon oncle avec un type, tous deux utilisaient une voix très forte pour se faire comprendre. Par vingt degrés sous zéro, ils utilisaient habituellement leur droit de visite sur nous, jusqu'à ce que cela devienne habituel. Ils nous prenaient de haut et se faisaient comprendre.

Al piano di sopra, mio zio con un ragazzo, entrambi usavano una voce molto alta per farsi capire. A venti gradi sotto zero, usavano il loro diritto di visita su di noi, fino a quando non è diventato un'abitudine. Ci guardavano dall'alto in basso e si facevano capire.

Il nous regardait d'un air bizarre et attendait que l'on se réveille avec un air vague. Nous avions chaud mais de cette façon, l'eau nous aidait à marcher entre chaque mur, mais on voulait la porter en vague comme chaque semaine

Ci guardò in modo strano e aspettò che ci svegliassimo con uno sguardo vago. Avevamo caldo ma in questo modo l'acqua ci aiutava a camminare tra ogni parete, ma volevamo portarla a ondate come ogni settimana

Pourquoi une femme dont la volonté est entière aurait pu souhaiter que le vent entre par la fenêtre. Dans le blanc qui semble essuyer un large foulard, on fait avec. Qui va avec ?

Perché una donna la cui volontà è completa avrebbe potuto desiderare che il vento entrasse dalla finestra? Nel bianco che sembra pulire una grande sciarpa, ci arrangiamo. Chi lo accompagna?

Le pire est l'inquiétude d'une femme éveillée qui, portée par le monde merveilleux, ne trouve que des mots pires que le bois qu'elle ne fera pas. Sans rancune.

Il peggio è l'ansia di una donna sveglia che, trasportata dal meraviglioso mondo, trova solo parole peggiori del legno che non vuole fare. Nessun rancore.

Eh bien peu importe où elle est allée, elle murmure dans les draps mouillés qui, quoi, où et quand. Tandis qu'ils écoutaient cela, ils disaient si ceci ou si cela et c'était bien. Ils étaient bien.

Beh, non importa dove sia andata, sussurra tra le lenzuola bagnate chi, cosa, dove e quando. Mentre ascoltavano questo, dicevano se questo o quello era buono. Erano bravi.

Oui, pourtant vous êtes jeunes et vous pourriez crier ou écrire vous-même ouah! Cela ne vous mettrait pas en faux et ne vous envelopperait pas d'erreur. Cela vaudrait pour une année, la vôtre. Eh oui !

Sì, eppure sei giovane e potresti gridare o scriverti wow! Non ti metterebbe in errore o ti avvolgerebbe in errore. Sarebbe per un anno, il tuo. Sì!

Voir la paille dans l'œil du prochain et ne pas voir la poutre dans le sien.

Veder la pagliuzza nell'occhio altrui e non veder la trave che sta nel proprio.

Au revoir, le travail est terminé, il faut se résoudre à finir la série des mille fiches

Arrivederci, il lavoro è finito, dobbiamo decidere di finire la serie di mille carte

© 2025 Jean- Louis Penin
REPRODUCTION INTERDITE
Édition: BoD · Books on Demand,
31, avenue Saint-Rémy, 57600 Forbach
bod@bod.fr
Impression: Libri Plureos GmbH,
Friedensallee 273, 22763 Hamburg
(Allemagne)
ISBN : 978-2-3225-5955-8
Dépôt légal : mars 2025